传统媒体与新兴媒体的转型与发展

郭满庄 著

·北京·

图书在版编目（CIP）数据

传统媒体与新兴媒体的转型与发展 / 郭满庄著. —北京：科学技术文献出版社，2017.6（2018.11重印）
ISBN 978-7-5189-3005-0

Ⅰ. ①传… Ⅱ. ①郭… Ⅲ. ①传播媒介—发展—研究—中国 Ⅳ. ① G219.2

中国版本图书馆 CIP 数据核字（2017）第 144068 号

传统媒体与新兴媒体的转型与发展

策划编辑：周国臻　　责任编辑：赵　斌　马新娟　　责任校对：张吲哚　　责任出版：张志平

出　版　者	科学技术文献出版社
地　　　址	北京市复兴路15号　邮编 100038
编　务　部	（010）58882938，58882087（传真）
发　行　部	（010）58882868，58882870（传真）
邮　购　部	（010）58882873
官方网址	www.stdp.com.cn
发　行　者	科学技术文献出版社发行　全国各地新华书店经销
印　刷　者	北京虎彩文化传播有限公司
版　　　次	2017 年 6 月第 1 版　2018 年 11 月第 2 次印刷
开　　　本	710×1000　1/16
字　　　数	122千
印　　　张	10.25
书　　　号	ISBN 978-7-5189-3005-0
定　　　价	42.00元

版权所有　违法必究

购买本社图书，凡字迹不清、缺页、倒页、脱页者，本社发行部负责调换

前　言

近年来，随着互联网技术的飞速发展，众多新兴媒体形式不断产生出来，如微博、微信、网络客户端等。这些新兴媒体的产生挤占了报纸、电视、广播等传统媒体大量的受众群体和市场份额，但是，由于我国新兴媒体发展起步较晚，对于新兴媒体信息传播过程中的相关规定和约束机制尚未完善，由此造成新兴媒体与传统媒体在信息版权、协调发展等方面存在较多冲突。然而，新兴媒体与传统媒体之间的融合并非为"非此即彼"的淘汰竞争，而是在这一融合过程中不断实现二者优势的互补，并最终实现二者的有机融合。因此，对新兴媒体与传统媒体之间的共存与融合进行研究，对于促进二者的转型性发展具有一定的现实和理论意义。

本书在新兴媒体的视角下，对传统媒体当下的发展路径及其与新兴媒体的融合发展问题进行细致梳理，力求对传统媒体的新兴媒体转型情况有一个综合了解。在此基础上展开探讨和思考，从专业角度进行理论分析，给出合理、可行的建议。详细而言，本书首先对传统媒体与新兴媒体的现状做了分析，其中包括传统媒体与新兴媒体的概念、优缺点及差异等内容。其次，本书分别对传统媒体与新兴媒体的转型和发展问题做了详细的研究，并进一步对传统媒体的新兴媒体转型路径问题做了说明，其中主要涵盖了电视、广播、报纸三大传统媒体。最后，本书特别对传统媒体与新兴媒体的融合与发展路径做了探讨。由于笔者时间与精力有限，书中难免存在不足之处，敬请各位读者与同行批评指正。

目　录

第一章　传统媒体与新兴媒体的现状分析 …………………… 1
　　第一节　传统媒体与新兴媒体的概念及其差异 …………… 1
　　第二节　传统媒体与新兴媒体的优劣对比 ………………… 4
　　第三节　传统媒体的发展现状 ……………………………… 6
　　第四节　新兴媒体的发展现状 ……………………………… 8

第二章　传统媒体的转型与发展 ……………………………… 10
　　第一节　传统媒体的发展与变化 …………………………… 10
　　第二节　传统媒体转型存在的问题 ………………………… 23
　　第三节　传统媒体转型的框架 ……………………………… 26
　　第四节　传统媒体转型的路径 ……………………………… 30

第三章　新兴媒体的转型与发展 ……………………………… 36
　　第一节　新兴媒体的主流化 ………………………………… 36
　　第二节　新兴媒体的差异化发展 …………………………… 39
　　第三节　新兴媒体的组织形态及内部架构 ………………… 44
　　第四节　新兴媒体发展的最新阶段及其特点 ……………… 47

第四章　传统电视媒体的新兴媒体转型与发展 ……………… 54
　　第一节　传统电视媒体的现状 ……………………………… 54
　　第二节　传统电视与新兴媒体的融合发展 ………………… 57

第三节　传统电视媒体的新兴媒体转型 …………………… 64
　　第四节　构建传统电视媒体的新兴媒体复合式
　　　　　　发展战略 …………………………………………… 73

第五章　传统广播媒体的新兴媒体转型与发展 ……………… 85
　　第一节　传统广播媒体的现状 …………………………… 85
　　第二节　传统广播媒体与新兴媒体的融合 ……………… 93
　　第三节　新兴媒体环境下传统广播媒体的发展
　　　　　　机遇及应对 ………………………………………… 95
　　第四节　新兴媒体环境下传统广播媒体的转型 ………… 101

第六章　传统报纸媒体的新兴媒体转型与发展 ……………… 109
　　第一节　传统报纸媒体的现状 …………………………… 109
　　第二节　新兴媒体时代报纸媒体的现状及发展趋势 …… 112
　　第三节　传统报纸媒体与新兴媒体的融合 ……………… 118
　　第四节　新兴媒体环境下传统报纸媒体的转型 ………… 121

第七章　传统媒体与新兴媒体的融合与发展 ………………… 137
　　第一节　传统媒体与新兴媒体融合的现状 ……………… 137
　　第二节　传统媒体与新兴媒体融合的必要性及
　　　　　　可行性 ……………………………………………… 140
　　第三节　传统媒体与新兴媒体融合面临的问题 ………… 143
　　第四节　传统媒体与新兴媒体融合的路径 ……………… 145

参考文献 …………………………………………………………… 152

第一章 传统媒体与新兴媒体的现状分析

第一节 传统媒体与新兴媒体的概念及其差异

一、传统媒体与新兴媒体的概念

传统媒体与新兴媒体两者的概念是相对而言的,其对于信息的传递既相辅相成又相互影响、相互碰撞。其中,传统媒体的概念是相对于新兴媒体而言的,其形式主要包括:电视、报纸、广播、杂志、户外广告牌等。其在传播形式上最为明显的特征在于通过某一机械装置,在特定的时间、特定的地点向大众提供公共信息和教育娱乐平台。而且在传统媒体中受众群体只能被动地接受媒体所传播的信息内容,而无法对其做出评论和发表意见,即传统媒体在进行信息传播过程中缺失受众信息反馈的环节。而新兴媒体的概念则是随着新兴媒体的诞生而逐渐形成的,由于通信技术和互联网技术的发展,使得媒体传播形式由传统的定点、定时、单向传播开始向灵活、多变、互动式转变。从而产生了区别于传统媒体的新兴媒体概念,即新兴媒体是指以数字技术为基础,以网络为载体进行信息传播的媒介。

二、传统媒体与新兴媒体的差异

传统媒体与新兴媒体由于所使用的信息传播技术、所展现的信息形式的差异性使得二者又有着各自不同的特点。其主要表现为技术支持的不同、传播特质的不同、角色定位的不同及运营模式的不同 4 个方面。

(一) 技术支持的不同

对于传统媒体中的报纸、杂志得益于造纸技术和印刷技术的不断提升和发展，从而推动了纸媒这一传统媒体的产生；电磁波、音频技术的发展和传播手段的提高则促进了广播媒体的产生；电子音视频技术的产生又造就了电视媒体的产生。因此，传统媒体的诞生是与支持技术的改革变化密切相关的。由此可知，传统媒体与新兴媒体产生差异性的一大原因也是由于技术支持的变迁。与传统媒体的印刷术、电磁波、音频、视频等技术支持不同，新兴媒体产生的技术支持则是由于数字技术和网络技术的发展。这些技术相对于传统媒体技术而言，具有更为先进、强大和兼容性、综合性的特征，能够实现新闻传播的全天候和全覆盖性的要求。

(二) 传播特质的不同

传统媒体和新兴媒体在传播特质上的最大差异性在于两者的信息传播的互动性和灵活性，如图 1-1 所示。其中，传统媒体在向受众群体进行信息传播的过程中，最为常见的形式是进行"一点对多点"或"点对面"的单向传播，受众无法根据自身对于所获得信息的理解和感受发表意见和评论。而且由于传统媒体在信息传播过程中受到版面、频道、频率等技术要求的限制，使得其只能在特定时间、特定频道进行标准化和统一化的信息传递。传统媒体的这种单向性和僵化性使得其在进行信息传播时具有一定的时滞性和封闭性。而新兴媒体在上述两个方面则表现出更强的互动性和灵活性。新兴媒体在信息传播过程中更加强调"多点对多点"、全立体的传播，受众群体能够对所出现的信息进行评价，具有了信息反馈的特质。而且，新兴媒体不单纯的将读者和受众看作信息的被动接收者,而是通过各种技术手段,实现用户信息需求的个性化、定制化,更好地满足用户在信息和娱乐方面的差异性需求。

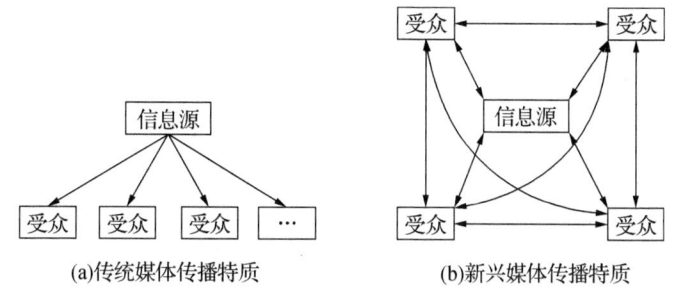

(a)传统媒体传播特质　　(b)新兴媒体传播特质

图1-1　传统媒体与新兴媒体的传播特质比较

(三) 角色定位的不同

传统媒体由于其产生过程和发展的经济支持主要是由国家行政进行提供,而且其也成为国家宣传和对外形象塑造的主要媒体通道。传统媒体中所传播的信息主要是居于主流、主导地位的社会公众价值观,而且其在时政新闻方面具有更为明显的权威性,使得其在信息内容的选择上也更加的标准化和规范,以保证整个媒体信息具有社会普遍性、共同性的价值取向。而新兴媒体则具有更大的随意性和紊乱性,其权威性远远不如传统媒体。虽然其所发布的信息、所包含的内容远远高于传统媒体,但是信息的真实性无法得到保证,从而使得大量信息具有虚假现象。其仅能成为受众所需信息的参考,而无法成为依据。

(四) 运营模式的不同

在运营模式中传统媒体与新兴媒体也表现出较大的差异性,主要表现在价值链、商业运作模式及盈利模式3个方面,如表1-1所示。

表1-1 传统媒体与新兴媒体的运营模式比较

项目	媒体类型	
	传统媒体	新兴媒体
价值链	内容生产、发行（播出）、经营	内容生产、运营商、用户需求、经营
商业运作模式	"两次售卖"模式	资源协同、价值挖掘、增值服务业务
盈利模式	广告收入	增值业务、流量分成和用户数据售卖等

传统媒体与新兴媒体的运营模式比较结果中可以看出，新兴媒体相对于传统媒体在价值链中更加注重用户的需求，其从内容的生产到最后的经营还要经过运营商的技术支持。在商业运作模式中，传统媒体主要是通过"两次售卖"模式，即首先将媒体信息传递给受众群体，获得媒体影响力；然后，再将媒体影响力转移至广告主，使得其在商品价值上通过媒体作用获得提升。在盈利模式上，传统媒体主要是通过广告获得利润，方式较为单一。而新兴媒体则是通过在信息传播过程中植入广告、提供个性服务等方式获取增值服务利润，也可以通过流量分成和用户数据售卖等获取额外价值。

第二节 传统媒体与新兴媒体的优劣对比

一、传统媒体的优劣性分析

从传统媒体的优势可以看出，其具有深厚的市场基础和较多的受众群体。因为，传统媒体产生的时间较长，在20世纪80年代就开始进入公众视野,并经历了多次改革创新,使其赢得了广阔的受众群体。而且,在长达近半个世纪的发展和水平提升,使得传统媒体在运营管理、信息传递等多个方面都具有较为成熟的运作模式。所以,其所发布信息的可信度和权威性较高,能够为受众群体提供有效的信息支持。但是相对于近年来兴起的新兴媒体而言,传统媒体又不可避免地存在一定的缺陷,主要表现为其信息传递的形式和手段较为僵化,不够灵活。而且,信息发布时间和渠道都具有一定的限制,从而易造成信息时效性不强。本身技术也存在发展缓慢的缺陷,不能以大幅度的创新形式跟上科技发展的脚步。

二、新兴媒体的优劣性分析

新兴媒体随着信息技术和网络技术的发展,在进行市场营运过程中,表现出更多的新形势、新姿态、新技术。其在进入媒体市场后,就获得了一部分受众群体的青睐,其主要原因在于其实现了受众群体与信息生产者之间的信息反馈,并借助网络这一新型媒体平台,更好地迎合了年青一代受众群体的喜好和价值观。与传统媒体相比,新兴媒体的优势主要表现为流动性强、覆盖面更广、影响力更大、体现了个性化的突破、内容和形式更为丰富、受众的地位实现转变等。但是,也应看到由于新兴媒体信息发布者权威性的不足,使得所发布信息的可靠性无法得到保证,因而其只能为受众群体提供信息参考,而无法实现信息支持。而其由于我国互联网技术发展起步较晚及人才队伍相对匮乏,使得信息管理过程中存在较多漏洞,信息的安全性无法得到保证。

三、优劣性综合比对及未来展望

传统媒体仍旧能够占据传媒行业的主导地位,其发展和改革均影响着社会经济、文化等的发展。新兴媒体的出现,则为社会改革带来了巨大推动力，同时活跃了市场经济。

两者的优劣点可以实现理论上的互补。在未来的信息行业发展过程中，人们必将挖掘出两者的特点，继而实现两者在实践中的结合，以科技和新传媒的经验等，带动创新传统媒体，创造出以网络技术、电脑技术等为基础的未来高科技时代新型复合式媒体。

第三节　传统媒体的发展现状

一、报纸媒体

从广播到网络，报纸可谓经历了一次又一次考验。从计算机网络诞生起，报纸"消亡论"就不绝于耳，各报社、杂志社纷纷裁员，有的报社或停刊或转网，报纸发行量减少，受众被电视媒体、网络媒体分流。新兴媒体的兴起使得人人都变成了"麦克风""通讯社"，行业壁垒不断消减，记者的职业门槛在降低，大量商业和政策不断向新兴媒体倾斜，新兴媒体的发展已经成为重大国家战略。

与新兴媒体相比，纸媒缺点很多。例如，受稿件质量及印刷因素的影响，报纸上的新闻不能及时传播。报纸保存时间短，不便于携带。除此之外，报纸上只能刊载新闻图片，不如电视、网络等媒体具有动态、即时的现场震撼力与感染力。

新兴媒体时代，很多传统媒体纷纷上网，但只是简单地将文字内容从纸上搬到了网上，可以说是电子版报纸。虽然网络在信息传播等方面占有绝对优势，但纸媒也要看到自身的优势。例如，受众可以随时阅读报纸，不会像看电视那样受到时间与电视频道的限制，对于理解力不强的受众可以反复阅读。因此，报纸在传播科学文化知识与培养思维力方面有着不可磨灭的功劳。与此相对的电视、网络，现成的声音、图画，易造成受众思维惰性化。

二、电视媒体

我国目前整个电视行业的状态是"泛娱乐化"，而且娱乐节目同质化严重，这主要是因为电视媒体为了获得更多的经济效益与收视率。电视台根据人们普遍关心的问题、受众心理等，每天播放的新闻类节目越来越少，反而是很多博人眼球的话题，以满足大众的窥探欲望，又或是为了与同行竞争，增加娱乐节目的播放，以获取受众更多的关注度。

面对新兴媒体的冲击，传统电视媒体在保持其原有内容的基础上，借助新兴媒体技术，诞生了新的媒体，如网络电视、手机电视等。传统电视媒体在保持其原有基本形态不变的情况下，对原有内容、应用和服务进行完善，如数字电视、IPTV 等新兴媒体的出现。

三、广播媒体

广播媒体在受众方面，以老人、年轻人为主。广告商、受众大都被电视、网站所分流，广播里的广告也是千篇一律。广播内容也已不再更新，永远都是交通、音乐、情感等话题，内容同质化严重。

广播既不像报纸那样可以被反复阅读，也不具备电视的声画实时传播与网络的多媒体视听效果。但是，广播也有其独特优势。技术上，广播覆盖面广；受众层上，以私家车主居多，这意味着广播有其固定的受众群。对于学生来说，可以在学习疲劳的时候听听广播，放松眼睛。此外，收音机价格低廉，易于获得。

第四节　新兴媒体的发展现状

一、主流地位明确，应用领域逐步扩大

互联网技术的大力发展，逐渐发展与完善了移动通信技术和数字技术，也在一定程度上扩大了新兴媒体的应用领域，早期的博客、BBS留言板、论坛社区及网络即时工具等已逐渐被如今的微博、微信、手机报、手机彩信及手机电视等新的形式所取代。其涉及的范围也包括多个方面，如政治、经济、文化、生活与商业等，已大大超出传播领域的范畴。从三大运营商最新提供的数字中可看出，中国的手机用户规模已有10亿之多，相关产业在新兴媒体快速增长趋势的推动下获得了极大的发展。

二、社会功能增强，满足不同方面需求

新兴媒体的发展使传播方式与传播理念逐渐发生变化，且功能也在随着时代的发展得到进一步完善，其社会化功能更是得以增强。新兴媒体的政治、经济、教育及娱乐等功能正逐渐在社会中产生强烈的影响，成为社会生活中不可或缺的重要部分。新兴媒体环境下，广发民众参与政治活动的主要形式为网络参政议政和舆论监督，网民参政议政的积极性与主动性在新兴媒体环境自由性、低门槛及草根性等特点下受到了极大地鼓舞。纵观近年来的新闻报道可以看到，由网络信息引发的网络问责和反腐事件越来越多。

另外，随着新兴媒体的发展也推动了数字出版与数字阅读的形式的发展，不仅使人们的阅读方式与阅读习惯发生变化，也让文化传承模式从根本上发生改变。成千上万本纸质图书的内容在一台小小的电子阅读器上就能呈现，并实现数据更新和个性分类

的功能。相关资料表明,数字出版对提高国人阅读量来说意义重大。这是因为新兴媒体发展带来的浅阅读模式,可以丰富读者知识面,扩大其知识储备。同时,内容检索功能也让人们可借助网络检索自己需要的知识,且不会受时间与空间的限制。

三、改变生活方式,影响大众日常生活

由当前新兴媒体发展现状可以看出,新兴媒体给传播业带来的影响和变化是十分明显的,并且新兴媒体还在潜移默化中改变人们的生活方式和意识形态。

人们对同网络另一端的虚拟朋友进行交流和沟通已不再感到抵触,其交谈的内容还有可能涉及部门不可透露的小秘密;还有部分网民倾向于借助新兴媒体网络信息实现足不出户便可以购物的愿望,并借助网络银行及支付宝等方式付款。新兴媒体时代充分联系起了虚拟货币和现实商品。目前,手里拿着手机、平板电脑、PSP等各种数字终端设备的人在我们的日常生活中随处可见,例如,公车上、地铁中及排队买票等车时。他们或利用这些新兴媒体载体来实现云端通信、阅读等,并进行语音或文字交流,或者是利用游戏来消磨时间。新兴媒体的出现及发展,在无形之中对人们的生活方式产生重大影响,并逐渐形成一种时尚潮流,对人们的日常生活产生巨大影响。

第二章 传统媒体的转型与发展

第一节 传统媒体的发展与变化

一、传统媒体转型的概念和类型

（一）传统媒体转型的概念

1. 媒体融合说

近年来,"媒体融合说"成为传媒业的最热关键词,整个传媒行业都为之一振,似乎这就是传统媒体在当今时代背景下的涅槃之路。传媒行业已经开始进行尝试,实践中投入了巨大的物力和财力积极探索这一媒体发展方向,很多传统媒体如今都采用了发布网站、开通微博、推广移动终端等手段实现媒体融合。自2012年下半年开始,中央电视台启动了新兴媒体发展"三步走"战略,其作为传统电视的权威传播平台,推出了"央视新闻"品牌,在新兴媒体平台方面实施推广,陆续发布了微博、微信媒体平台,以及新闻客户端。以微博为首的新兴媒体,成为当发生重大突发事件,需要重点报道情况下的优先发布平台,也使得中央电视台的发稿平台从传统电视、国际视通对外两个平台扩展为三个。到目前为止,已有超过1800万人关注订阅了"央视新闻"的三个平台。陆续发布的客户端还有于2014年6月11日正式发布的"新华社发布",2014年6月12日以新面貌正式上线的人民日报客户端，6月16日由浙江日报报业集团推出的"浙江新闻"移动客户端及浙江手机报。

2. 新兴媒体工具说

当前，谈到转型的工具，无论是传媒业领军人物还是普通员工都会提到利用互联网来实现，具体措施包括多种方式，如"报网互动""全媒体""客户端"等。由于载体不同，阅读媒介的多样化对传统阅读方式确实带来了影响，但许多学者认为，新兴媒体仅仅只是工具，不是内容，不应该一味地去追捧，我们的阅读仍是"以内容为王"。尤其是尚处于起步阶段的新兴媒体，很多时候只是起到了"新闻搬运工"的功能，或通过搬运传统媒体内容到网络，或通过网上文章经报刊证实落地，来切入媒体舆论场，多半还是纸质媒介内容的简单复制和迁移，这样还远远不够，真正的媒体人更要能够肩负起媒体的基本职责和功能。

3. 新兴媒体替代说

实际上，新兴媒体技术的迅猛发展，加速了信息业和传媒行业之间的融合，而这种融合正成为一种趋势。但是新兴媒体替代说则不只是将新兴媒体看作工具，它认为新兴媒体工具说对互联网本质的认识不足。互联网是技术手段但并非仅限于此，它引发了一场系统性的整体性革命，影响并改变了人们的生活与思维方式。关于社交媒体，作为美国知名科技博客网站"商业内幕"的联合创始人——亨利·布洛杰特曾提到"社交媒体的崛起从根本上改变了人们发现信息的方式"。当 Facebook（脸书）上的10亿用户拥有可自定义的主页后，他们就没有什么理由去看别的网站了。在旧媒体向新兴媒体演化方面，该学说认为，这种变迁绝不是融合而是替代。因为，新兴媒体在功能上没有与传统媒体融合的必要，新兴媒体完全能够替代传统媒体的功能，这就决定了新兴媒体必将完全取而代之。可以说只要经过足够长的时间，新兴媒体终将替代前者。因此，传统媒体应舍弃与新兴媒体"融合"

的观念，放眼于如何从根本上转型。

近年来，新兴媒体随着 4G 的加速普及和互联网技术的迅速发展而日益壮大，在这样的背景下传统媒体的压力也越来越大。但传统媒体也有其优势所在，经过不断的发展变革，其在这个过程中日积月累拥有了大量的无形资产基础，这也令新兴媒体目前望尘莫及。新时代背景下的传统媒体转型，应当以"媒体融合说"为基础，传统媒体应充分运用多年积累起来的优势资源，如品牌、政策、人才、制作、渠道等，适应环境、用户、新技术的变革，积极向新兴媒体进军，进而形成共生、融合、竞争的局面。通过一系列的创新变革完成转型，实现新旧媒体的共同发展，延续其在当前环境下的传播力，增强传统媒体的影响力。传统媒体与新兴媒体将在较长一段时间内相互借鉴、相互融合，这将不可避免地成为未来媒体的发展方向。

（二）传统媒体转型的主要类型

1. 南方都市报的"全媒体"模式

南方报业于 2009 年决定把全媒体战略发展成为其重要战略。在这种布局指导方案下，他们把"南都，无处不在"作为他们的标语，南方都市报系成为企业中第一个从传统媒体集团过渡到全媒体集团的试验单位。南都全媒体集群的目标：过渡为新型的媒体企业，成为全媒体数据内容供应方，包括媒介及数据的联合运营。在数据供应方以上，还是数据运营方；在全媒体资源、媒介的持有者以上，还是整个全媒体信息平台的供给者；在各种信息的制造方以上，还是信息的汇总处，再加上其固有的使命——继承南都原本的媒体职责，为南都的社会价值及商业的媒体文化做宣传。

2. 扬子晚报的"全媒体记者"模式

在扬子晚报大概有以下几个形式的新型媒介：第一，网站、移动增值业务；第二，各种系统的手机客户端、平板电脑客户端、移动互联网、全新运作项目；第三，官方微博（新浪、腾讯）。

新兴媒体发展特点：第一，积极调动记者们的积极性；第二，建立起新的相关单位负责监督管理；第三，以官方微博为抓手。

新兴媒体发布管理：新型的媒体记者是相关部门根据某些条件选拔出来的。已有一些媒体单位给每位工作人员提供一部手机，相关媒体部门则提供摄影、导播器材，为编辑们定制笔记本电脑。制定严格的制度和考核方法。

3. 浙江日报报业集团的"孵化器"模式

浙江日报报业集团在2010年10月底宣布其全媒体转型方案：在未来5年内通过多种手段获得20亿元资金用在公司向全媒体的过渡上。其转型目标是：建成重心服务为信息服务的全国范围内及地域范围内的专业的服务门户，并且变成在全球范围内知名的中国文明宣传点。另外，本土媒体圈第一个名为传媒梦工场的企业培育基地在这里诞生，有利于各媒体的过渡和融合。以上为该企业自2009年以"全媒体，全国化"为部署后的一连串实际动作。该企业在《浙报集团全媒体战略行动计划》中提出的想法为重点抓住媒介，努力进行自我改革、完善外联工作，努力运用好孵化器成功实行向全媒体转变的齐头并进布局和思想。

4. 解放日报报业集团的"报网融合"模式

解放日报报业集团建立了以新兴媒体部、数字传播中心为代表的新型部门来向全媒体的过渡努力。在业务上，布局"4i"新兴媒体产品：i-news（手机报），i-paper（电子报），i-mook（网络数码杂志），i-street（公共新闻视屏）。搭建"全媒体多通道数字出版系统"，这个系统可以实现企业拥有资源和媒体市场需求两者之间的数据共享和信息往来。它最重要的作用就是把传统的纸质媒体上的信息处理成为网络化的数据，并且存储到相关数据库里面。接下来，可以依据不同的媒体市场需要，把数据库里的数据加以板块化的迅速排版编辑，马上转换为各种形式的新兴媒体内容，客户可以运用如互联网、移动客户端下载等各种媒介途径获取这些内容。因此，新兴媒体各种流程里的自动化搜集信息数据及多途径、多媒介提供信息内容都可以顺利进行。

以上4种传统媒体的转型模式中，浙江日报报业集团的"孵化器"模式，它的策略不是在微观的内容制作、载体选择上，而是直接走资本运作的道路，虽然现在还不能说就是成功的，但值得尝试。只是这条转型之路需要强大的资本来做后盾，对地市报业集团来说并无可借鉴之处；扬子晚报所采用的"全媒体记者"的形式并没有从大局出发，只是单纯地从单个层面上对媒体进行转型，实质上并没有对传统媒体进行改革；而南方都市报及解放日报的转型形式也是没有从本质上展开，只是单纯地将内容进行整合，绝不能停留在同质发展上，还需朝着专业信息、垂直细分、游戏娱乐、电商销售等业务拓展，应当让传统媒体和新兴媒体在不同层面上竞争，扬长避短，相互学习，共同发展。

二、传统媒体的战略分析

（一）优势

1. 传统媒体的政策优势及权威性

传统媒体一直以来都因为其官方、权威、真实而在群众当中广受欢迎，传统媒体在发布新闻时都十分的准确，尤其是报纸这种白纸黑字的特点一直给人们一种浓厚的权威感。甚至有一些传统报纸办刊历史悠久，有着几十年甚至上百年的历史，而这种历史底蕴和影响力不是能在短时间内消失的。在现如今这一信息来源方式多元化的形势下，报纸依然是民众获取重大新闻信息的主要方式。传统媒体相较于新兴媒体而言有着其自身的政治属性，在这种情况下，一些传统媒体有着优先报道国家政治新闻的权利，在政策上国家也倾向于传统媒体。当前很多新兴媒体没有采访权限的事件，传统媒体记者却有优先采访报道的权利，这对于传统媒体来说是一个巨大优势。

虽然传统媒体传播方式的时效性不及新兴媒体，但是对于一些新闻报道的深度及报道的专业上传统媒体一直占据着上风。通常来说，传统媒体往往是一些重大新闻事件报道的发起者及引领者。传统媒体在对新闻事件深层次的发掘报道上的优势是新兴媒体所无法超越的。新兴媒体往往都是一些简讯类的快餐式新闻，然而传统媒体往往在挖掘新闻深层次内容方面下足功夫，为民众提供一些更加全面、更加独到的新闻报道。总体上来说，新兴媒体往往提供的是一种及时的新闻报道，然而传统媒体在对于新闻的后续报道追踪、新闻评论等方面有巨大的优势。而这是导致新兴媒体的权威性不及传统媒体的原因。与此同时，传统媒体对于新闻事件的看法和评论往往代表着民众对于这个新闻事件的看法，一直以来传统媒体都是整个媒体行业的意见领袖。此外，现在基本上所有的报纸、期刊等都趋于专业化、学术化，每一份期刊都有发表着某一科学领域的最新信息，伴随着这种报刊专业化的趋势，现在越来越多的期刊都按照其发展方向，邀请某一领域的学者为其撰稿，所以现在很多期刊都引领着某一学科的发展方向，这些优势也是新兴媒体所无法企及的。

2. 专业化运作形成的资源优势和强大公信力

国家在政策上给予传统媒体较大的支持，同时其在资源获取渠道上比新兴的网络媒体更具优势。传统媒体经历了漫长的发展时期，在这一时期当中，无论是在人才、设备、机构、人脉网络等各方面均具有较强的资源储备，拥有高素质、高能力的采编人才，能够实现对信息的及时、高效、快速处理。尤其是传统媒体聚集了一大批职业化的优秀新闻传播工作者，他们既接受过关于新闻传播工作特点和规律的专业训练，又接受过关于职业规范和职业道德的专门教育。其所有的工作流程，如收集信息、文字修改、核对、审阅、出版等，均配备了相关技术人才进行监督和管理，给各项操作都带来很好的保障。这些都是网络媒体目前所不具备的。所以，其经历了较长的发展时期，技术性和专业性都得到了很大的提高，同时还制作出大量的具有高技术水平和专业水准的媒体产品，在制作宣传过程中还必须与其他同行业工作人员和机构或其他相关行业人员进行合作，因此，在人脉资源上具有丰富的储备。所以传统媒体在网络技术和通信技术不断发展和成熟并得到广泛普及的信息网络时代，面对新兴网络媒体的崛起，其所具有的主要竞争力便是原创实力。尽管新兴媒体占据了大量的媒体传播市场，但是在市场中得以传播的内容大多还是源于传统媒体，传统媒体依然是最大的原创内容来源。

根据相关研究调查报告显示，在对多种网络媒体及数以百万计的博客进行分析后，发现其中80%的网络链接均来自美国的传统媒体企业；而在统计的内容中，只有14%属于原创内容，而其他的67%的新闻都是出自传统媒体；负责站点维护和发布新闻的工作人员大部分是负责收集来自传统新闻媒体所发布的内容。多所大学的研究也表明：尽管在美国，新兴网络媒体占据了大量的市场，但是其在内容原创上还存在很大的不足，大量的原创内容还必须依赖于传统媒体。

然而，传统媒体所具有的资源优势，是网络媒体难以在短时间内超越的。在现阶段，网络媒体形式还处于发展初期，尽管占据一定的市场，但是，其在人才储备和专业素质方面还存在许多的不足。同时，新兴媒体的交互性及每个人都能够传播信息和新闻的重要特点，使得其所发布的信息质量参差不齐，因此，相对于传统媒体来说，其公信度和信息的专业性和客观性还有待进一步的提高。在网络媒体中，每天产生大量的信息，在对这些信息进行管理和筛选时存在着严重的人力不足现象，导致这些信息的真伪性和客观性难以辨别,所以新兴媒体所发布信息的真实性还有待相关措施的实施加以提高。

3. 阅读的习惯和便易性带来的广大受众群体

在我国,报纸媒体从产生到现在经历了上百年的发展历史,拥有大量的读者,且这些读者均养成了读报纸的习惯。尽管报纸所记载的基本上都是新闻,但是,读者在阅读报纸时,不仅可以获悉最近的时事,还能够得到一种阅读的享受,陶冶情操,满足生理和心理上的双重需求。而在新兴网络媒体中,其不具备固定的读者,而读者难以从中得到很好的阅读体验。据相关统计调查,美国主要城市公民的阅读情况如下:在成年人中,54%的人选择每天阅读一份或以上报纸,而这一比例在18~24岁也达到了40%。根据英国当地调查报告显示,在所调查的16~24岁青年人之中,有77%的人觉得报纸在媒体行业中依然占据了主要地位,而部分人选择电台。根据日本相关调查显示,在所调查的6000位15~69岁的人中,超过92%的人会坚持阅读报纸,同时有93%的人赞同"按时按需送报"这一制度,超过57%的人能够在一周内坚持5~6天阅读报纸,也就是说几乎每天都有读报。

从总体上看,传统媒体信息获取的途径相对较为简便。报纸可以随身携带,并不需要其他的装备来完成,且方便人们随时阅读。而新兴的网络媒体则必须要能够接入互联网的设备,才能获取媒体信息。尽管现今的无线网络技术较为发达,许多的商场和公共场所均设置有无线热点,但是,能够联网的设备是其获取信息的必要条件,因此,在便携方面,其不如报纸媒体。此外,网络流量及购买设备需要较高数目的资金投入。新兴媒体所使用的文字在一定程度上提高了阅读的门槛,此外,其必须依赖能够联网的设备及网络,购买联网设备及网络流量均需要一定的资金投入。以上的3个因素大大限制了新兴媒体的发展,在大范围普及上还需要克服许多的困难。传统媒体具有很好的文字阅读效果,且不需要其他的设备便可完成，在方便携带的同时还减少了用于购买设备和网络的支出。

(二) 劣势

1. 受时空约束时效性较差

尽管传统媒体在资源、政策和受众等方面具有明显的优势，但在其他方面，其相对于新兴媒体来说，存在很大的不足和劣势。首先，在空间和时间上，传统媒体存在着很大的不足，一张报纸从最先的素材收集到最后印刷出版送至读者手中最少需要一天的时间，这就意味着读者所阅读的信息是前一天所发生的，在时效性方面大打折扣；而新兴网络媒体却能够将最新发生的事件和最新的信息传输到网络上，网民可以在第一时间获取最新的消息和新闻，因此，具有很好的时效性。其次，一张报纸其所能够记载和包含的信息量相对较少，而大量的报纸又占据了一定的空间，且不方便携带，因此，一份报纸所能够记载的信息量相当有限。而现在正处于信息爆炸的时代，每天有大量的信息产生，报纸媒体难以将所有的大事件加以收集和出版，所以最终呈现的信息和新闻都是经过了一定的选择和剪辑的，在新闻的完整性和信息的全面性方面存在着不足，读者所能了解的信息只限于此。相比之下，网民可以通过网络获取到大量的信息。新兴媒体工作者将制作好的新闻和信息制作成超链接的形式发送到网络上，网民进入专门的网站点击超链接便可以获取相应的信息，在信息的获取方面具有相当的自由性。此外，新兴媒体工作者会将所有的信息和新闻进行分类，这大大方便了网民阅读。

2. 传播方式互动性不强

传统的报纸媒体只能够传播文字和图片信息，而新兴的网络媒体却能够将音视频信息联合文字信息共同发布，实现音视频、图文之间的自由组合，将信息以立体的形式展现在读者面前。此外，传统的媒体只是单向的向读者传递信息，而新兴网络媒体可以实现读者与信息发布者的双向交流。网民在传播信息的同时也在接收大量的其他信息，因此，其可以充当信息的发送方，也可以作为接收方。同时，传统媒体传播信息的时间是固定的，读者不能够根据自己的时间来进行安排和调整之前的阅读习惯。而新兴媒体秉持的是"去中心"传播理念，网民能够根据自己的需求随时获取最新的信息，并对其进行及时的反馈。新兴媒体所具有的以上优势是传统媒体远不及的。

（三）机会

1. 网络媒体的发展依赖于传统媒体

网络媒体依赖于传统媒体而发展，网络媒体中的很多信息都来自于传统媒体，网络媒体其实是起着再加工的作用。网络媒体可以从传统媒体吸收鲜活的内容和素材，这得益于传统媒体的丰富的信息资源。虽然网络上面信息来源也很多，但是，它的真实性不足，很多特别可靠的信息仍然来自传统媒体。网络媒体可以从传统媒体吸收各大领域的非常有价值的信息源，世界各地的新鲜的新闻信息都可以被网络媒体收入囊中。网络媒体还有一个不足，就是没有自己的品牌资源和专业的采编人员，如果想要报道特别及时的重大新闻，就需要清除其在技术开支等方面的障碍。如果网络媒体和传统媒体联合起来，那么它本身的强大的传播平台加上传统媒体的品牌效应和采访编辑力量会使整个报道更成功。因此，网络媒体和传统媒体是可以共生共融的，一方的崛起会给另一方带来更好的机会。

2. 资本运作正在增强

传媒市场包括内容市场、受众市场、发行市场、广告市场。随着中国改革开放不断地深入，报纸产业会越加地从社会各方面吸收资源，增强自己对人、物、财等方面的管理与掌控，特别是增强对资本的运作从而迅速增强自己的实力。自从加入了世界贸易组织，中国的媒体产业有了很大的提升和转型，如今正在扩张规模重组兼并。那些没有市场竞争力的媒体也在不断地被淘汰，这对于报纸行业的优化来说是一个难得的机会。此外，我国的法律如今还保护我国的传媒业，不允许国外的传媒巨头直接注资，这是在为传媒行业的深度成长提供时间。传媒资本，通常是通过改制上市、优化组合、资产重组等方式来运作，现如今市场竞争环境非常激烈，资本运作的开展能够整合媒体现有的资源，把可经营性资产盘活，无形资产也得以激活，品牌优势得以发挥，整体资产就会增值。根据有关人士的估算，如果媒体引进科学的方法来运作资本，收入将增值一半以上。

（四）挑战

1. 传统媒体的公共功能被弱化

传统媒体的历史地位正在渐渐地被迅速发展的新兴媒体所取代，报纸的出路何在？加快转型是共识。许多转型探索都认为报纸应该网络化，他们的想法都是战略大转移。现如今人们变得只关注网络，不看报纸，报纸"坐"不住了就去网络上面找出路。新兴媒体的优势太明显，例如，内容包罗万象，传播及时快速，使用方便，受众也很多。把报纸转向网络是想拥有网络的优势获得更多网络读者，可是在获得网络读者的同时报纸也就从此消失了。用这种想法来挽救报业只会加快它的灭亡。那么人们到底为什么不看报纸呢？传统媒体如何才能获得新生？

公民社会的发展产生了媒体，公民可以在这个平台上表达和讨论。哈贝马斯认为，公共领域是指公共意见这样的事物得以形成的领域，公共领域原则上向所有公民开放。公民社会媒体就是一个具有公共功能的领域。在欧洲发达国家的主流传统媒体也受到网络媒体的影响，但是冲击力都很小，不像在我国。

然而，在中国，传统媒体几乎没有公共功能。改革开放以来中国社会也正在慢慢地转型，公民社会也逐步形成。主体性和参与性是公民社会的根本特征，公民的意见需要表达，公共话题需要讨论，公共事务也需要公民参与进来。网络媒体正好满足公民的这一需求，而这正是传统媒体所缺乏的。近年来，很多有着大的影响力的公众事件都是由网络媒体引发的。传统媒体的公共功能被网络媒体替代，网络就成为真正的媒体，传统媒体一旦失去了公共功能，那么它就是宣传纸一张。因此，在公民想要去参与、想要体现自己的主体性的时候，就自然而然选择了网络媒体。人们现在几乎不看报，不是因为它的新闻少、更新不够及时、使用不够便捷，根本的原因就是报纸不能够提供人们所需要的公共功能。所以我们可以说，人们选择媒体的最主要原因不是阅读方式，而是功能。

2. 市场化条件下媒体的政策定位不清晰

整个媒体产业的发展势头和方向紧跟着国家政策的变动。目前，在媒体市场化条件下，由于对媒体的政策定位尚不清晰，中国媒体转型遭遇政策壁垒。从政策层面上讲，中国媒体能否融合，主要涉及两大问题，那就是管理架构与产业政策。我国的媒体都是事业单位、企业经营，这就决定着媒体产业的性质是在事业单位的领导下进行的产业化经营。自有媒体以来，我国的媒体就有了条块分割和以块为主的格局，就像原有的广电总局管着广播电视，新闻出版总署管报纸和杂志，工业和信息化部主要管理网络、电信和移动。它们互不干涉，相互之间难以介入，这对媒体的融合是非常不利的。现在要进行全媒体实验，那么媒体融合肯定要兼容更多的内容，横跨各种媒介，就需要同时受到各个部门的管理和监督。因此，行业之间肯定要有利益纷争，媒介规则的制定与分立交错也会成为媒体融合发展的障碍。另外，我国的媒体融合还面临着行政区域划分而引起的困扰，现在全国各省（市、自治区）几乎都有一个报业集团和一个广电集团，当地的媒体集团把地方市场几乎全部垄断，现在中国媒体融合最大的政策上的障碍就是分割管理各部门、明显的地方保护主义和行业维护。如此，中国的传媒将很难实现规模效益的最大化和产业化。

在事业体制中是不可能产生真正的媒体的，但是，我国的媒体却一直是事业单位。媒体如果要走向产业化，那么就必须要深化文化体制改革。现在我国已经进入全面市场化的阶段，媒体的改革也不例外，在以后媒体的重组、重建、重构中，必须严格遵循市场化规律。媒体先天具有艺术形态的属性，它的发展肯定要受到宏观环境的影响，在政策的保护下和政治的优待下的媒体的确有起跑线上的优势，但是，如果要成为媒体产业的龙头，那就必须有着很准的进入市场的时间、很强的市场适应力、很高的市场化程度，并且必须遵循市场规律。

3. 新兴媒体对传统媒体的冲击与替代

相比较于前三次的传播革命，第四次传播革命也就是互联网技术的推广应用，有了更先进的传播载体和介质。实现了文字、声音、图画影像多种形态的统一的数字化处理，而且以其交互性的传播模式，在理论上实现了任何人在任何时间、任何地点向社会发布任何信息的传播境界。传统的传播者与受众之间的关系已经发生了很大的转变，传播权利将要进行深层次的结构性的调整，也就是说传播的格局已经由传播者中心变成了用户中心。传统媒体不再是传播的中心，它的信息垄断和原来的盈利模式也被消除。新兴媒体把传统媒体的受众和相关从业者都"挖"走了，也把传统媒体的主要收入来源——广告给吸收了，这肯定会使传统媒体的发展受到严重的阻碍，它有着现实和长远的威胁和隐忧。

最近10年，新科技在传媒业有着广泛而且深刻的应用，媒体的生存环境、内容、生产方式和受众的阅读习惯，都在随着各种新兴媒体形式和终端的不断涌现而做着改变。而传统媒体也在这些改变中，竞争越来越激烈。不仅仅是传统媒体本身，例如，报纸、广播、电视之间有竞争，传统媒体和新兴媒体之间竞争也在加剧，它们都在争抢受众及广告商。波特五力模型理论认为，行业中有5种力量能够决定竞争规模和程度，如果应用到传统媒体的竞争环境分析上，与以往比较发生了很大的变化。这些变化主要是报纸、电视、广播、杂志之间的竞争，新的电子媒介等终端产品的竞争对手的竞争，网络、手机等新兴媒体这些替代产品的威胁，以及内容的生产者和消费者的口味和兴趣的变化，也就是供求双方的变化。简单地说，主要有两个方面的变化：一是受众散了；二是媒介多了。它的最直接的结果就是受众的终端需求更加的多元化，他们原先的比较完整地阅读时间，现在被分散了。第七次全国国民阅读调查显示，我国国民中有24.26%的人接触过数字化阅读，他们中有91%的读者在阅读了电子书之后就不会再买这本书的纸质版。

第二节 传统媒体转型存在的问题

一、缺乏科学的战略规划

面对信息数字化带来的信息载体、传播方式甚至信息生产方式的变化，传统主流媒体明显缺乏有效应对的办法。

媒体对信息掌控的主导权如今已经被信息渠道的拥有者（电信运营商）和信息流量的聚合者（网站、搜索引擎）所削弱，这种变化必然带来媒体产业结构的变化、媒体市场运营的变化等。如何面对变化、寻求突破，目前主流媒体还没有一个科学的战略规划。各家所谓的主流媒体都象征性地建立了各自的网站，小投入的进行了传统媒体的网络化呈现工作，但究竟网络与传统媒体怎样融合发展，在运行机制、体制创新等方面如何发展，缺乏具有可操作性的科学规划。因此，事实上，各家网站已有"鸡肋"之嫌，弃之可惜、食之无味。传统主流媒体转型是大势所趋，而且迫在眉睫。如果再不抓紧与新兴媒体的融合发展，传统媒体势必失去这一轮的发展机遇。转型，如何转、转什么，这些都要做具体科学的规划，要有统一的安排和指导思想。

二、缺乏专业的人才队伍

无论怎样变化，对于传媒本身来说，内容创造永远都是最重要的灵魂所在，原创是媒体生存的根本。而各家传统主流媒体的管理人员、普通记者编辑在内容创造上依然还处于传统思维当中，在选题策划、信息发布等环节上甚至基本不去考虑使用网站平台，多媒体互动传播，多媒体原创、策划等工作基本无从谈起。

实现全媒体互动融合发展的战略转型。首先，呼唤具备全媒体协调发展思维的领导者、指挥官队伍的建设；其次，需要具备多技能、懂传播、懂业务的专业新闻从业人员队伍的建设，同时还需要建立一批专兼职结合的网络评论员队伍，发现和培养一批有号召力的"博客""播客"，让更多的网民成为正面声音的传播者、健康文化的建设者。

随着新闻载体、传播方式的转变，媒体运营方式、盈利模式也在发生着变化。因此，懂得多媒体运营规律、相关法律法规的全媒体运营人才的需求明显加大。所以，专业的多媒体营销人才队伍建设也迫在眉睫。

三、缺乏配套的体制

体制是国家机关、企事业单位的机构设置、隶属关系和权利划分等方面的具体体系和组织制度的总称。传统主流媒体目前基本都实行着子刊物、子报刊、频率、频道化运行管理模式，人、财、物管理相对比较独立，都有一定的"诸侯割据"现象的存在。

从体制上看，这种机构设置、隶属关系和权利划分等模式很难实现资源的共享和整合。例如，我们常常会看到同家媒体的多组记者同时出现在某一个采访活动的现场，采访同一个主题，刊发从内容到形式都雷同的消息，对于同一家媒体而言，这就是一种严重的浪费。这是现行的体制造成的，业务流程以频道（频率）、子刊物，甚至是更小的栏目组为单位进行，资源配置也是以这种条块式分割式配置，这样一来就造成谁采访来的东西就是谁的，别人是绝对不可以使用的，你要使用的话就要去重新拍摄或采访，从机器设备到人员、车辆都是一种浪费。这种体制下，很难进行资源的整合利用。

而新兴媒体的建设恰恰是要以整合资源为手段的，因此在这样的体制下，新兴媒体的出现，必将动了"诸侯"们的奶酪，各"诸侯"必将新兴媒体视为洪水猛兽而非盟友，主观上他们就会排斥。因此，以网站为代表的新兴媒体得不到本来很好的传统媒体母体的支持，内容原创缺失、更新速度很慢，结果必然是网民的大量流失，很难形成影响力。目前，主流媒体网站得到本媒体资源的途径基本靠与各子刊物、频率（频道）的协调，缺乏配套的体制。以网络媒体为代表的新兴媒体是以整合资源为突出特点的传播，这就与传统媒体的运行相背离。因此，转型呼唤着管理体制、运行体制的变革。

四、缺乏灵活的运行机制

网站属于新兴媒体范畴，应该按媒体规律建设，但目前的状况却是不允许参与报道，原创作品严重缺失。新闻在传统媒体上发过之后，网站才能发布，很难发挥网络媒体快捷的优势。

网站职能与技术部门职能混淆，网络新兴媒体发展定位不清。技术部门是做渠道的，网络新兴媒体是做内容的。由于目前网站只被定位为传统媒体的电子版。因此，在网络新兴媒体的建设上，媒体集团更注重了网站的呈现形式，依然在走"渠道为王"的路子。岂不知，4G时代网络传播受关注的将不再是技术或渠道，而是内容服务，内容竞争将走上前台，信息技术和通信设施则退居其次。

五、缺乏专项投入

网络新兴媒体建设目前的状况是"雷声大雨点小"，媒体业界都认识到网络的重要性，但说到加大专项投入，却实非易事。仅拿广播网来说，具有广播在线收听、点播收听、互动功能，四级页面呈现的网站建设只投入资金10万元，对于服务器、防火墙的要求更不必讲究。无论新闻网还是广播网，目前都仍处于传统媒体网络化阶段，传统媒体母体印记过于浓厚，缺乏网络媒体特色。网站原创队伍和作品严重缺乏，投入不足、政策缺失等问题相当严重，主流媒体和新兴媒体的建设仍任重而道远。

第三节 传统媒体转型的框架

一、观念转型

观念转型是先导，因此，传统媒体在转型时要破除"新兴媒体"没有采访权、"等靠要"思想严重、一味秉持"内容为王"、以自我为中心等旧的思想和观念，秉持"融合"理念，强化对新兴媒体发展规律的科学认识，树立起如下理念。

首先，在行业认知上，要从传统媒体业转型为信息服务业。随着信息技术的快速发展，传媒业、文化业、信息业乃至电子商务业之间的边界越来越模糊，行业融合的趋势越来越明显，在这种情况下，传媒业必须把自己从单纯的传统媒体业的认知框架中扩大到信息服务业的认知框架中。从传统媒体业转变为信息服务业，传统媒体要做好如下工作：一是从"内容服务商"转变为"信息服务商"。传统媒体要从战略定位上清楚自身实际从事的是信息服务业，必须建立起"信息服务为王"理念，成为真正的"信息服务商"，而不仅仅是"内容提供商"；二是从单纯的传媒产业链条延伸到信息服务链条，尤其是进一步延伸到以电子商务业为主的现代商业；三是从过度依赖广告的单一盈利模式向更为丰富的盈利模式转型。

其次，在受众和信息的关系上，从"人和信息的分离"转型为"人和信息的有机结合和互动"。在传统媒体的业务范畴内，传统媒体作为信息发布者，负责编采内容，然后通过发行渠道把内容和信息发布出去，但是，由于传统传播媒介、渠道和技术的制约，传统媒体和受众之间是相互分离的，很难实现良性的互动。缺乏与读者和受众的互动，就会使得媒体难以掌握受众和市场的真实需求和最新动向，也难以打造出真正能适合市场和读者需要的产品和媒体来。因此，传统媒体必须以市场和用户为导向，充分利用各种新的媒介技术，借助或打造能够充分和读者互动的平台，实现和受众的良性互动，真正实现"人和信息的有机结合和互动"。唯有此，才能生产出真正适合受众需求的适销对路产品，也唯有此，才有可能实现面向市场的转型。

实现人和信息的互动关键是要高度注重用户体验，在整体理念、响应速度、内容编排、版式设计、产品丰富度、现实体验感等各个方面全面重视用户体验，使读者和受众愿意互动、方便互动和良性互动。

二、战略转型

战略即方向，传统媒体的战略转型首先要选好转型方向，而可能的转型方向主要有5种。

（一）内容经营转型：收缩阵线，成为单纯的"内容提供商"

对于绝大多数传统媒体来说，这将是转型的唯一方向。传统媒体无疑具有很强的内容生产能力，可以通过进一步收缩阵线和产业链条，退出发行、印刷、广告等业务领域，成为单纯的"内容提供商"，向各类渠道和各类平台提供内容以获取利益。

传统媒体要实现成功的内容经营转型，一方面，内容必须是高质量的；另一方面，内容的提供必须是高效率的，以较低的成本来进行内容生产。

当然，传统媒体如果转型为单纯的"内容提供商"，必然从传媒业的中心放逐到传媒业的边缘地位，由传媒业的主角沦落为传媒业的配角。尤其需要注意的是，由于互联网技术及新的信息平台的出现，个人或者小组织就可以成为高质量的"信息提供商"，这将对传统媒体造成更大、更根本的影响。

（二）产品经营转型：延伸价值链条，成为综合营销服务商

对于一些市场化能力强、经营手段多、服务水准高的传统媒体，可以通过延伸自身的价值链条，进入广告策划等领域，成为为客户提供"一揽子"解决方案的综合营销服务商。杭州日报报业集团旗下的都市快报在这方面进行了积极的尝试。当然，实现产品经营转型的前提是自身具有很强的服务核心能力，否则就会陷入多元化扩张的误区。

（三）产业经营转型：延伸产业链条，成为产业运营平台

对于规模较大、业务领域较全的传统媒体集团来说，可以延伸现有的产业链条，从报业、广电业、出版业等各分行业的业务范围拓展为传媒业乃至整个文化产业，甚至进一步拓展为稀缺资源领域，实现多产业运营，成为产业运营平台。大众日报报业集

团、浙江日报报业集团、杭州日报报业集团、南方报业传媒集团等都在积极进行探索。进行产业经营转型的关键在于传统媒体要具备跨行业的整合能力。

（四）信息平台转型：成为智能信息服务平台

对于实力强、有志于成为平台的传统媒体来说，打造顺应传媒业发展趋势的，基于移动的、社交的智能信息服务平台，即"语义网"，即实现由传统媒体向信息平台的转型。

传统媒体要实现向信息平台的转型，关键在于实现观念转型、技术平台构建及实现信息平台＋电子商务平台＋广告运营平台的"三台合一"。

（五）资本运作平台转型：成为文化产业资本整合者

资金实力强、资本运作能力强的传媒集团可以尝试向资本运作平台的转型，借助资本手段和资本的力量来整合文化产业，成为资源整合者。实现该种转型的关键在于培养和利用专业化的人才及提升自身的资本运作水平。

三、制度转型

首先，传统媒体要实现转型，必须解决制约其自身转型的体制、机制问题。一是国有体制的束缚。传统媒体向新兴媒体转型的动力机制不足甚至缺乏；新成立的新兴媒体公司依然是国有企业，难以成为真正的自主经营、自负盈亏的市场主体，更遑论建立起规范的现代企业制度；传统媒体和新兴媒体之间的利益难以平衡。二是机制上的不合理。决策效率低下，缺乏符合新兴媒体要求的管理层持股制度等机制安排；"大锅饭"式的平均主义盛行，缺乏有效的激励约束制度。三是转型具体操作上的误区。传统媒体在操作新兴媒体时，虽然名义上成立了所谓的新兴媒体公司，但是实质上依然采取的是由传统媒体对新兴媒体"输血"的方式运作，尚未实现"自主经营、自负盈亏"，不能称之为真正独立的市场主体；在经营上多由传统媒体代理经营，不是真正的经营主体，这也导致传统媒体的新兴媒体从业人员缺乏市场意识，更缺乏市场竞争意识，经营上的"输血"更是比比皆是。

其次，建立起有利于转型的体制、机制。一是建立起现代企业制度，成为真正的市场主体。传统媒体应充分借鉴腾讯、百度等新兴媒体公司的企业制度，在转型为新兴媒体时，成为真正的市场主体。二是建立起适应新兴媒体要求的股权等长期激励约束机制。由于新兴媒体的高风险、高收益的特点，要求骨干员工高付出、高投入。因此，从产权的本质上来说，新兴媒体的本质是共有产权，即骨干员工也拥有股权。这也要求传统媒体必须按照新兴媒体的要求，建立健全股权、期权等长期激励措施。三是以独立的市场主体运作新兴媒体公司。为了更好地培养新兴媒体的自我发展能力，传统媒体应把新兴媒体公司推向市场，在市场的残酷洗礼中培养自身的核心能力。四是建立起转型的相关支持机制。传统媒体要真正实现转型，就必须加大对新兴媒体的支持力度，从人才、资金、政策等方面给予全方位的扶持和支持。

第四节 传统媒体转型的路径

一、提高传统媒体的传播影响力和政策影响力

尽管新兴网络媒体迅速崛起，占据了大量的市场，然而传统媒体长期经营和发展赢得了许多读者的喜爱和认可，在现下依然具有相当庞大的读者群体。这些忠实的受众主要包括中老年人、部分喜欢传统阅读方式的年轻人。根据调查发现，美国居民仍旧保留着在早餐过程中阅读报纸的习惯，这正是传统报纸的忠实受

众的一部分。为了不失去受众和客户,传统媒体需要完成转型和重生,首先要做的就是提高传播影响力和政策影响力,进一步抓牢自身忠实的受众,以进一步满足受众的信息需求。

传统媒体要实现功能转型,就必须改变以往的内容结构,逐渐向"深度聚合"内容结构发展。新兴媒体出现之前,纸媒占据了媒体行业的绝大部分市场,报纸则是新闻和信心的主要载体。在当时,读者能够通过阅读报纸获悉当下发生的最新事件,获取所需的生活资讯。而今,新兴媒体迅速崛起,网民能够接入互联网,通过手机或电脑获取更全面、更丰富、更加具有立体感的信息,相对而言,报纸原先所具备的优势和功能已不存在了,并逐渐淡出人们的视野。报纸受到版面限制,其所能传递的信息相对有限。在完成功能转型之后,报纸并不只是发布新闻和传递信息,它还将涉及人们生活的方方面面。在内容上,应该做到"深度聚合",深挖社会公共事务信息和新闻背后所蕴藏的内容,并作全面的调查,避免与网络媒体的优势方面冲突,而应该避开其锋芒,在其能力不及之处加以发展。

例如,新兴网络媒体的一个重要信息和新闻传播途径便是微博,微博将报纸所具有的新闻时效性消除的荡然无存。然而,微博产生和发布的信息相对较为零碎,传统媒体所发布的信息相对具有很好的完整性和客观性,具有很好的公信度和权威性。近年来,许多的社会热点公共事件都反映出这样一个现象,当人们从网络中获取新闻的第一落点——得知事件,对于自己感兴趣的信息会进而搜寻第二落点——了解事件始末,更进而转向权威媒体落实第三落点——求证新闻的真实性和权威说法。这也对传统媒体开辟了一条新的路径,避开单纯的一味"抢新闻",对特定的新闻事件开展深入调查和报道,实现新闻内容的"深度聚合",在社会公众问题上,应该确定自己的立场,唤醒读者的社会公知,将读者从娱乐性的阅读氛围中拉入社会关注的阅读氛围之中,进而增强传统媒体自身的社会影响力，同时还能够增强其权威性和公信度。

二、报业品牌资源产业化经营

在长期的发展过程中，传统媒体获取利益的渠道多为广告费的收取和发行量。现今，新兴媒体的崛起，冲击着原本稳定的传统媒体占据主导地位的媒体市场，势必造成了传统媒体利益的损失，因此其之前所依靠的两个营收渠道受到了一定的限制，要实现进一步的发展，必须要进行多元化产业链的创建和完善。传统媒体应该发挥所拥有的优势作用，重视优势产业的投资和拓展。首先，应该将以往的内容影响力打造成为符合时代特点的品牌影响力，将报业资源转变成为产业链的重要组成，实现传统媒体行业的产业化发展。在媒体行业中，广告所带来的收入将会逐渐降低，在整个营收渠道中所占的比例也会逐渐降低，因此应该注重企业本身品牌价值的提升。报纸具有较为庞大的读者群体，应该将其以往的内容影响力发展成为具有品牌价值的品牌形象。在传统媒体的产业化转型方面，温州日报报业集团成功完成了集团的产业化转型，并开创了多个涉及文化、数字、生活多个领域的产业。产业化发展的根本是品牌价值，其是实现传统媒体产业化转型的重要根基。所以，充分发挥传统纸媒的品牌价值，在此基础上，发展相关的众多资源，拓宽业务覆盖范围，创建更多的产业，彻底改变以往的单一化发展理念，实现多元化综合发展，为之后的进一步发展奠定坚实的基础。

三、建立适应市场化的运营模式

传统媒体要打破"事业单位，企业经营"的"两张皮"运作，就需要创新体制机制和运行模式，建立适应市场化的运营模式。迅速崛起的新兴媒体产业在市场运作方式、技术开发、内容建构等多个方面同以往的传统媒体具有很大的不同。新兴媒体最后的发展成果必须依赖于市场的反馈,所以其在进行市场化的过程当中必然要依赖于市场,不必受到身份和编制的限制,作为市场的一部分积极自由地参与到市场竞争当中。新兴媒体所制作的产品依靠各个部门的合作和协调,还需要经过技术研发、内容制作、市场需求等多方面的论证,并且在发展的过程当中对现有的运行管理模式做出及时的修改和调整,使之能够满足时刻变化的动态市场,单个部门难以完成这一项庞大的系统化工程项目。在制作和推出产品过程中,要将企业所有的资源及在信息传输、新闻报道、编辑制作、素材采集等方面的能力同国家新闻信息市场的及时需求相关联。

四、应对新兴媒体的转型策略

(一)有高附加值的内容才收费

在面对网络媒体的所带来的挑战时,传统媒体应该对以往的经营和管理理念进行调整,实现媒介行业资源的综合利用。首先,要扩大自己的内容优势。部分具有较大内容影响力的传统媒体可以开展其他的附加业务,并借助自身建立的平台开展宣传,进而获得更多的附加利益。网络媒体具有相当大的信息空间,因此,传统媒体应该将其所掌握的信息素材进行整理,开展深加工,进而扩展其内容所涉及的领域,增加受众。此外,传统媒体具有雄厚的人才资源储备,具有较强的内容深加工能力。对内容进行深加工并不是为了增加读者的阅读成本,而是借助优质的内容来扩大其影响力,进而吸引更多的广告发行,获取更多的广告收入。

在长期的发展过程中,传统媒体在进行产业转型和升级时,必然会遇到一个相当棘手的问题,即怎样确定收费的额度。倘若取消收费,势必会造成利益的急剧减少,倘若增加收费,订购报纸的用户量会大大减少。那么，如何才能解决这一问题呢？在笔者看来，应该将这一工作分为两个方面，施行差异化收费制度。对于一般的内容施行全面开放，进而获得更多的用户量。完成这一步之后，确定优质内容，并施行收费阅读制度，以此来缓解上述矛盾。根据相关的统计调查报告，超过13%的用户可以接受对网络内容收费制度。《连线》杂志前任主编克里斯·安德森认为，人们愿意为节省时间买单，倘若他们足够地喜爱一件事情，势必会有相当一部分的人会接收适当的收费。在获得一定的内容营收之后，传统媒体应该重视内容品质的提高和升级，在保证原有用户的基础之上，吸引更多的用户，呈现出一个良性的发展循环。

（二）形成能有效聚集用户的平台

在传统媒体的经营和管理理念中，存在着一个固定的思想，即"内容为王"。现今，新兴媒体多关注的是用户体验，用户在获取多方面信息的同时能够扩展自己的社交圈，获得更好的上网体验。传统媒体一直秉持的观念是将自身作为业务的主体，而其作为主体的任务便是提供更加优质的内容，然而在互联网时代，将用户作为业务中心的观念才更加符合市场发展的特点和趋势，用户能够通过互联网获取最新的信息，同时还能对其进行及时的反馈。在这一层面，传统媒体应该创建一个数字化传播平台，将其优质内容转化为音视频、图文信息形态上传至平台上，借助用户的力量来发掘信息潜在的价值。为实现这一目标，传统媒体应该充分发挥其内容原创优势，为公众提供一个良好的、畅通的信息获取渠道。搭建一个优质的媒体传播平台，为用户获取信息和内容创造一个能够同用户进行有效交流的平台。为避免媒体的同质化，可以由一线记者供稿，将所有待编稿件进入代编稿件库，公共视频、网站、手机报、纸质报等多个编辑部门根据自身的特点和实际需求选择性的获取相关内容，随后对这一内容深加工，制作出各式各样的新闻和信息产品。

小米手机的成功"逆袭"是互联网思维应用的一个典型代表，无论是企业老总还是一般员工都始终将用户作为其工作的中心。采用多种宣传方法，进行多渠道宣传，增强用户的黏度。建立专门的资深用户论坛，实际的注册用户超过 1000 万，负责日常维护和管理工作的团队成员超过 20 人。微博公众号拥有高达 900 万的粉丝量，运作团队成员超过 50 人；微信公众号负责在线服务，拥有高达 500 万的粉丝，运作团队成员超过 50 人；QQ 空间则针对年轻人开展营销活动，在这一平台，总共拥有高达 2000 万的粉丝量，负责日常运作和维护的团队成员超过 50 人。

（三）加强与数字媒体的合作

传统媒体可以同数字媒体相结合，充分借鉴其所拥有的发展优势，对自身进行全面的整改和升级，符合市场的发展特点。将现有的内容进行整合，用于开展电子报纸、手机报、网络报等多种业务，并向数字媒体这一领域不断发展。此外，对员工进行针对性的培训，促使其改变以往的写作习惯和延迟发稿的工作态度，加强其多渠道发稿、滚动发稿、现场写稿的能力。

第三章　新兴媒体的转型与发展

第一节　新兴媒体的主流化

一、新兴媒体主流化趋势渐强

有学者认为，判断一个媒体是否是主流媒体可以从以下三项指标做一些衡量：一是覆盖率和到达率，二是经济力，三是公信力。从目前来看，我国网络媒体家庭覆盖率为25%，电视覆盖率是96%；在媒体广告总收入2000亿元的大盘中电视占五六百亿元，报刊是300多亿元，户外加上网络为100多亿元；公信力方面，新兴媒体与传统媒体相比差距较大，网络上的虚假信息一直是政府监管的难题。尽管目前从这三项指标来看，新兴媒体还没有成为主流媒体。但不可否认的是，新兴媒体主流化是未来新兴媒体的发展趋势。在新兴媒体发展领先的美国，多年前网络广告收入就已突破百亿美元，创下了125亿美元的历史新高，超越了户外广告和商业类杂志广告，首次与广播媒体并肩而立。2009年，在金融危机的重创之下，美国网络广告收入逆势增长，达到260亿美元，从而成为美国广告产业的亮点。

2010年6月出版的我国首部新媒体蓝皮书《中国新媒体发展报告（2010）》中指出，新兴媒体对全球尤其是中国社会发展产生了全方位的革命性的深刻影响。当前无处不在，"火热"的新兴媒体已经深深根植于经济、政治、文化、生活等诸多领域，成为经济全球化、信息网络化浪潮中与国家前途、民族命运息息相关的"命门"。在我国,新兴媒体主流化趋势渐强,其突出表现在以下几方面。

首先,新兴媒体的经济力不断增强。2008年摩根士丹利发布的中国传媒行业研究报告显示,在过去5年里,中国互联网广告收入以平均每年60%的速度增长。2008年移动媒体总收入是1053亿元,网络媒体总收入297亿元,两项相加总和达1350亿元,占中国传媒产业总产值的1/4,新兴媒体的收入增长幅度远远超过了传统媒体。目前,中国新兴媒体上市公司与传统媒体相比要多一倍以上,在接近资本市场的程度上,新兴媒体远远胜过广播等传统媒体。

其次,新兴媒体逐渐进入责任时代。新兴媒体是否强大不仅仅取决于其技术还在于它及它的使用者能否成为社会的责任者。与以往相比,现在中国的网民更关注主流问题,网络舆论对社会现象的干预作用也越来越凸显,甚至成为左右事件进程的主流意见。从"躲猫猫"事件到"王帅发帖"事件都是很好的佐证。新兴媒体的监管已从"自律公约松散"的方式转变为"政府治理"的新阶段,这也从政策上昭示着新兴媒体"责任时代"的到来。

新兴媒体发展为什么如此迅速?究其原因在于其自身的特性。一是互联网的技术特性使其呈现出发展空间的无限性;二是互联网的市场特性决定了其发展方式的灵活性;三是互联网资本市场的特点赋予了其"裂变式"成长的可能。另外,新兴媒体在发展过程中受到的管制较少也是其迅速壮大的重要原因之一,以手机产业为例,该产业有强势的运营商能够主导产业链的发展;内容产业竞争充分、活跃诸方共赢形成了良好的盈利模式。

二、新兴媒体主流化对广播等传统媒体的冲击

互联网、手机等新兴媒体的出现及其固有的技术特性和传播

规律，使我们看到了新兴媒体走向主流化的必然性。新兴媒体的加速发展不仅在商业模式上改变了人类的生活状态，在生活方式上也彻底改变了我们的生态环境。面对这样的新课题，中央人民广播电台主管产业发展的前任副台长王晓晖曾坦言，经历70年的发展，中央人民广播电台面临的不仅仅是广播产业发展自身的问题，而是新兴媒体带来的挑战。的确，未来之路风景无限的新兴媒体让广播等传统媒体感到了前所未有的压力。

首先，新兴媒体平等、开放的传播理念消解了传统媒体之间的边界，打破了传统媒体对信息的垄断。同时，也消解了国家与国家之间、社群之间、产业之间的边界，消解了信息发送者与接收者之间的边界。新兴媒体随草根精神而来，随共享的Web2.0精神而来，它以它的开放和无处不在，改变着传媒的秩序。

其次，新兴媒体强大的应用功能，满足了受众的多方需求，分流了受众注意力。今天的新兴媒体，尤其是网络媒体，从应用功能上看，已形成四大平台：通信平台、媒体平台、娱乐平台和商务平台。通信平台上有电子邮件、即时通信、短信（SMS）、网络电话等，媒体平台上有网络媒体、信息检索；娱乐平台提供各类网络游戏、音乐、影视剧、广播电台、彩信和彩铃；商务平台则有C2C、B2C、B2B及旅游、招聘、房产等在线交易和服务等。互联网发展到今天已不只是一个传播工具，实际上已经成为一个文化生产、消费和创新的舞台。2002年我国网民接触互联网的日均时间为88.5分钟，2006年为137.8分，2009年这个数字已经增加到了160.2分钟。而2006年我国人均收听广播时长为97分钟，2007年为89分钟，2008年为85分钟，已连续3年呈下降趋势，这足以看出新兴媒体对消费者的吸引力。

最后，新兴媒体的发展不可避免地会在一定程度上分割广告市场份额、改变传媒盈利模式，进而影响到整个传媒产业的生态环境。对媒体的直接消费者也就是广大受众来说，接触到的媒体越来越多、信息越来越庞杂，他们迫切需要更加专业化的信息提供，正在从大众媒体的"大众"逐渐变为"小众"；对媒体的间接消费者也就是广告主来说，随着产品供给趋于饱和、企业间竞争不断加剧，企业越来越强调市场细分，强调产品信息准确传达给目标客户并产生积极影响，而在这些方面新兴媒体都具有明显优势。广播等传统媒体多循着"出售信息—换回注意力—向广告商出售—产生利润"的经营轨迹，因此强调提高收视收听率，而在主动适应消费者偏好逐渐改变、创造性满足市场需求方面反应较慢，传统的盈利模式面临挑战。平等、开放的传播理念，强大的应用功能，灵活的盈利模式等，这些既是新兴媒体的优势，同时也是新兴媒体对广播等传统媒体的挑战。

第二节 新兴媒体的差异化发展

一、竞争格局现状

新兴媒体行业发展逐渐走进充分竞争阶段，博客、手机媒体、数字电视等持续高速发展，内容和运营模式同质化的现象也日益严重。如何走出当前的红海，已成为每一个新兴媒体亟须解决的问题。

（一）媒体自由化导致舆论的无序化

新兴媒体基于互联网技术，具有基础设施建造成本低、传播手段简易且覆盖面广等特点。在新兴媒体环境下，任何一个媒体或个人都能轻易地将各种信息传递给用户，在信息量爆发式增长的同时也带来了质量的快速下降，低俗、虚假的信息严重混淆着公众的视听，也使得舆论的重心和话语权的掌控失去秩序。公众虽然获得了信息量的满足，但也逐渐失去对媒体的信任和依赖感。

（二）不正当竞争现象普遍，竞争环境较差

在内容高度同质化的情况下，吸引用户或快速将信息推送到更多的用户是决定竞争胜负的重要因素。新兴媒体传播的渠道与用户的个人信息密切关联，随着大数据和云计算的应用，越来越多的用户个人信息被泄露。一些媒体为了扩大影响力，利用不正当途径获取了大量用户信息，通过强制推送等手段实现广告等商业内容的广泛覆盖，从而获得高额的经济利益。这种不正当竞争行为不仅严重影响了读者的阅读体验，同时也间接地给依靠内容吸引用户的媒体带来了巨大的压力。

（三）低水平的竞争影响文化生态的形成

目前，一些新兴媒体参与者片面地追求短期利益，大量传播垃圾信息，严重影响了新兴媒体在公众心目中的形象。另外，网络化传播大大降低了抄袭侵权的成本，抄袭者可以通过拍照、扫描等各种方式对内容进行复制、转发，而原创者却无法控制，最终遏制其创新的欲望和动力。在这种情况下，难以形成能支撑公众认同和信任、保障产业健康发展的新兴媒体文化生态环境。

（四）表层信息和通俗娱乐的"麻醉"作用

新兴媒体以大量免费信息占据人们的空闲时间，人们沉浸在无所不知、朋友遍天下的虚幻中，却使社交和思考的能力逐渐丧失；同时，也使得人们的判断和审美水平下降，长期处于被"喂食"状态，麻木地成为一个"信号接收器"。从供求关系看，供给和需求的互动才能促进市场的不断繁荣，读者日益提高的要求是媒体不断提升和改进的动力，公众的审美和文化要求持续降低，将不利于促进媒体的成长。

二、发展趋势

2013年以来,我国新兴媒体发展进一步呈现移动化、融合化和社会化加速的趋势。基于新兴媒体的信息传播,已经成为促进中国社会发展的新动力。

(一)媒体融合

媒体融合将模糊各种媒体之间的边界,信息传播呈现多角度、立体化的形式,并实现各种技术、软硬件的融合运用。技术应用更加工具化、传播平台也更加开放,任何个体和机构都可以轻松地完成内容的定制化传播。同时,媒体之间的区别逐渐聚焦于不同细分市场、专业化水平及个性,竞争将更加激烈。因此,走差异化、专业化的发展道路是新兴媒体市场参与者的必然选择。

(二)柔性生产模式的广泛应用

柔性生产代表的是媒体传播平台与自媒体内容的和谐共赢。新兴媒体内容种类多、更新快,传播平台负责内容的推广、渠道的建设等,如优酷、土豆、风行,依托优质的内容吸引大量的用户注册及流量,进而通过收取使用费、引入广告等模式实现盈利。而平台中的内容则来源于专业媒体机构、独立媒体人等,内容创作者依托平台的专业运营实现作品的广泛传播及自身收益。一些平台则进一步专注于自媒体内容的运营,聚拢一批高水平的原创作者、自媒体达人等,达人们尤其是公众人物发布的作品带来了大量的流量,因此,这种内容生产模式成为一种潮流。

(三)社交互动成为媒体传播的热点

新兴媒体的优势就在于打破传播和接受的边界,将传播的主动权交给大众。互动传播真实反映了大众的审美及舆论的风向,并且没有固定的路径或边界,任何信息都可以通过多种渠道进行快速分享,如微信朋友圈、微信群已经成为媒体内容传播的重要工具。一个主题的分享与评论在熟人之间传播,往往会自发集聚观点相同的群体。因此对于传播者而言,传播效果更加精准,对用户而言,互动传播的内容更加具有意义且更贴近自己。互动传播解放了媒体机构的效率,更便于聚焦高质量内容的创作及用户需求和体验的研究。

(四)移动新兴媒体即将成为主流

从近两年手机用户、手机网民及媒体客户端数量的增长速度看,公众已经将手机、PAD等智能终端作为通信、社交、娱乐、学习、工作等多功能为一体的装备。公众花在移动端的时间越来越多,移动新兴媒体的市场空间将越来越大,如"今日头条"从以新闻传递为主的简单网页应用开始,已推出客户端,以期巩固用户资源并进行深度的开发运营。

三、差异化发展的对策

从对新兴媒体发展现状及趋势分析可以看出,新兴媒体要在激烈的竞争乱流中突围,必须从内容和技术两个方面同时入手。做优质的内容是实现差异化的根本,新的传播技术是与用户沟通渠道畅通的保障。

(一)明确差异定位,聚焦特定领域

媒体融合后,技术和平台的差异对竞争的影响将大幅减弱,而专业深耕才是媒体持续发展的正确途径。对于不同的新兴媒体参与者,需根据自身发展目标及能力,准确定位产业中的角色,如传播平台、内容供应商或专业服务供应商等,同时必须持续聚焦于所特定的领域。目前,国内已经有一批专业的数据挖掘企业,通过数据挖掘获取其行业动态已经成为一种现实可行的办法。媒体人或机构可以购买数据挖掘服务来指导自身业务运作，例如，用户需求变化、领域内的竞争态势、技术及商业模式的发展趋势等。

（二）积累优质的内容来源

内容是媒体的根本，无论是利用技术手段来预测即将流行的内容，还是做更好更深度地原创，核心还是要通过优质的内容来吸引读者。从近几年的网络文学平台的"抢人大战"可以看出，优质的内容来源是传播平台的生命线。因此，无论是大型的传播平台，还是小型的媒体机构或企业，都必须重视内容来源的积累，重视原创人才的培养。随着自媒体的迅速发展，新兴媒体市场中将涌现越来越多有个性和影响力的自由媒体人，媒体机构需要尽快创新商业模式，建立基于柔性生产分工的人才战略。

（三）深耕社交网络的细分市场

社交互动领域可以细分出很多的子市场，而且具有一定的地域性、民族性或关系网等市场边界，在不同的市场内，用户分享和交流的内容相对固定，如母婴、宠物、探险等。因此，新兴媒体在选择差异化发展时，为这类市场提供媒体服务将是一个非常好的选择。通过加强分享互动，不仅能够切实促进人们之间的认识和交流，还能进一步促进线下活动的形成。新兴媒体在其中不仅可以发挥媒体本身的信息服务功能，还能够深入到实际的活动中与用户一起体验和交流。

（四）挖掘移动媒体的个性化需求

移动媒体为用户提供了全时空的信息传递，但在不同的时间、空间，工作、学习等背景下，不同用户群体对信息的内容及表现形式需求是多种多样的。因此，可基于媒体移动化带来的个性新需求，进行差异化的战略定位和业务设计。随着越来越多的传统行业实现移动化，移动媒体服务的需求量也将快速上升。

第三节 新兴媒体的组织形态及内部架构

一、新兴媒体组织形态及内部架构分析

新兴媒体的组织形态和内部架构是通过一个活性结点形成的具有网络连接结构的组织系统。信息流构成整个组织系统的驱动机制，从而保证组织的正常运行。从该定义可以看出，新兴媒体的组织结构不仅能够反映企业内部的组织结构，同时也能够对企业内部形成一种有效的联系，即一种网络性的组织形态。具体而言，其组织形态和内部结构可以归纳为以下几个特点。

（一）针对特定结果而形成的有效组织结构

企业组织都有自身的发展愿景，这是企业组织发展的强劲动力。对于以网络组织结构为特征的新兴媒体来说，从其定义来看，就是以特定结果的实现为目标，从而将企业组织联系起来。新兴媒体网络组织以价值链的建立为目标从而将有关新兴媒体组织起来，通过价值链的公共发展，从而吸引更多的媒体来共同建立价值取向，并为各自的价值来共同努力。在目标或者愿景实现以后，该组织结构建立的任务就实现了，由此看来，它的形成缺乏长远的目标性。

（二）代表职能的有效集合

新兴媒体网络组织之所以能够形成多个相关媒体的有效联系，其核心在于能够将媒体所承担的职能进行承担。由此看来，新兴

媒体网络组织的实质是对多种职能的有效联合，在该组织中各个成员之间分别承担着传统职能中的不同职责，在该网络组织中各个成员能够受到纵向一体化的统一管理，这样就使得成员之间的交易费用大大降低，这样不仅获得了分工的效率，同时也取得了协同工作的效果。

（三）市场机制的有效运用

新兴媒体网络组织中成员具有相对的对立性，他们之间的联系是通过契约的形式来保持的。而该契约的实现是建立在市场机制的基础上，结合市场的公开搜索、洽谈等方式建立相对平等及独立的契约保证。

（四）完全的信息共享

新兴媒体网络组织各个成员之间的合作是建立在完全信任的基础上，而该信任则以信息的完全开放和共享为前提。如果信息成员之间不愿意共享信息，那么成员之间的信任就无法建立，网络组织的结构也就难以有效地建立。

（五）核心能力的组合

新兴媒体网络组织建立是为了实现整体力量大于各自力量的目的，因此，它的建立就是将各种核心能力进行有效组合，通过组合的方式来集中各自的核心优势，从而获得协同发展的效应。

（六）信任、沟通、协调为主体的新管理方式

新兴媒体网络型组织结构是以经纪人组织为核心建立起来的企业联合体，因此，各个组成成员之间具有平等、独立的特点。为此，该组织需要成员之间的协作与沟通，并需要成员之间的充分信任。

（七）无边界性

新兴媒体网络组织中的经纪人通过契约的形式与不同企业进行联系，由此看来该组织没有一定的界限，可以通过一种可大可小的网络进行联系。

综上所述，网络型组织结构形成了以横向的组织结构为主的结构图，这是对传统金字塔组织结构的突破。组成该网络组织结构的各个工作团队之间具有高度的独立性及相互协作性，能够对市场的信息变化做出敏捷的反应，随着企业发展的及时性从而促使整个企业组织能够根据特点做出不断地创新和调整。

二、新兴媒体时代新闻传播存在的问题

（一）打破道德底线的网络暴力

网络暴力是一定规模的有组织或者临时组合的网民，在"道德、正义"等"正当性"的支撑下，利用网络平台向特定对象发起的群体性、非理性、大规模、持续性的舆论攻击，以造成攻击对象人身、名誉、财产等权益损害的行为。网络暴力的出现是发帖者、跟帖者和网络看客们共同作用的结果。违背社会公德的发帖者发布信息，汇聚网民的眼球，缺乏自我判断力的跟帖者疯狂转发传播，好奇心强烈的网络看客促进了相关事件点击率的提升。于是，成千上万"口诛笔伐"的网民对事件当事人的精神摧残不断高涨，自由表达言论的权利在这里被异化成支持"道德、正义"的"伪军"，社会道德底线被破除殆尽。

（二）扰乱社会秩序的网络谣言

正如现实中的谣言严重扰乱社会秩序一样，网络谣言以其快速广泛的传播效力影响着舆论的走向。网络谣言的发布者为了赢

得网民的注意，不惜捏造突发事件、涉及名人公共领域的话题性事实，以博得网民的同情或认可，其他网民因为对事实的判断能力有限，在好奇心的驱使下大量转发评论，谣言便在新兴媒体上不胫而走。

(三) 网络水军充斥

网络水军是近年来衍生出的职业，属于网络营销的进阶。网络公关公司雇佣网络水军为他人或企业发帖、回帖、造势，从而获得其他网民的注意，营造话题事件，通过这种方式，企业可以很好地发挥网络的作用，进行网络营销，达到宣传推广产品的目的。但是，由于网络上鱼龙混杂，网民的素质在很大程度上决定了网络水军这个群体的素质。事实上，网络水军在发挥正面作用的同时，负面影响也逐渐凸显。他们可以为幕后的商业企业迅速地捏造恶意信息并打压竞争对手，也可以为商业产品恶意提高人气，吸引网民的关注和参与。更加严重的是，无良的网络水军受雇于国外别有用心的机构，不断在互联网上发布攻击性信息和制造谣言，激化网民间的矛盾，进行网络文化渗透。

这些新传播现象严重玷污了网络环境，极易放大社会的不稳定因素，社会风险也随着新兴媒体对信息的聚集扩散效应在网络上不断蔓延，并折射到真实生活中，对社会、个人造成难以估量的伤害。因此，面对新兴媒体中的新传播现象，新兴媒体管理者们需要采取必要的防范措施来规避社会风险的升级。

第四节 新兴媒体发展的最新阶段及其特点

一、自媒体的出现是新兴媒体发展的最新阶段

新兴媒体是随着互联网的出现而逐渐被人们所熟知的。新兴

媒体的新闻传播充分地借助了网络平台，使新闻能够及时地被人们所熟知。随着网络科技不断地向前发展，新兴媒体的发展也是永无止境的。新兴媒体永远都是一个相对的、不断更新的概念。当前阶段，移动网络已经逐渐超越并且取代了PC端，以手机为主要代表的移动网络普遍存在于社会基层群众当中，形成了自媒体。自媒体的门槛很低，并且可以进行选择，在某种程度上更加符合基层群众的需求。自媒体的新闻素材来源于基层民众，服务对象也是基层民众。由此可见，自媒体所具有的核心价值是社会基层民众能够自主地提供和分享信息。当前阶段，自媒体所呈现出来的特征是国内被广泛应用的新兴媒体都具有的。此类应用广泛的重要的信息载体主要包括即时通信、博网、博客和手机媒体等。即时通信就是现阶段被人们普遍使用的聊天工具，如QQ、微信等。而博网、博客中最具代表性的就是微博，它拥有广泛的使用人群。如今的手机媒体，更是成了人们日常交流、获取信息的重要媒介，智能手机也在逐渐取代电脑的地位。

二、新兴媒体时代的特点分析

（一）媒体个性化突出

由于技术的原因，以往所有的媒体几乎都是大众化的。而新兴媒体却可以做到面向更加细分的受众，可以面向个人。个人可以通过新兴媒体定制自己需要的新闻。也就是说，每个新兴媒体受众手中最终接收到的信息内容组合可以是一样的，也可以是完全不同的。这与传统媒体受众只能被动地阅读或者观看毫无差别的内容有很大不同。

（二）受众选择性增多

从技术层面上讲，在新兴媒体那里，人人都可以接收信息，人人也都可以充当信息发布者,用户可以一边看电视节目、一边播放音乐,同时还参与节目的投票,还可以对信息进行检索。这就打破了只有新闻机构才能发布新闻的局限,充分满足了信息消费者的细分需求;与传统媒体的"主导受众型"不同,新兴媒体是"受众主导型"。受众有更大的选择,可以自由阅读,可以放大信息。

(三) 表现形式多样

新兴媒体形式多样,各种形式的表现过程比较丰富,可融文字、音频、画面为一体,做到即时地、无限地扩展内容,从而使内容变成"活物"。理论上讲,只要满足计算机条件,一个新兴媒体即可满足全世界的信息存储需要。除了大容量之外,新兴媒体还有"易检索性"的特点:可以随时存储内容,查找以前内容和相关内容非常方便。

(四) 信息发布实时

与广播、电视相比,只有新兴媒体才真正具备无时间限制,随时可以加工发布。新兴媒体与用强大的软件和网页呈现内容,可以轻松地实现 24 小时在线。新兴媒体交互性极强,独特的网络介质使得信息传播者与接收者的关系走向平等,受众不再轻易受媒体摆布,而是可以通过新兴媒体的互动,发出更多的声音,影响信息传播者。

由此可见,新兴媒体与传统电视媒体最大的本质区别在于传播状态。由传统媒体的一点对多点型,变为新兴媒体的多点对多点型。主导状态的区别:由传统媒体的"主导受众型"变为新兴媒体的"受众主导型"。受众状态的区别:由传统媒体的"普通大众型"变为新兴媒体的"细分受众型"。

三、新兴媒体带来的挑战——以自媒体为例

（一）传播主体权威地位丧失

随着互联网时代的发展，人们对传统媒体的单一落后的信息传播形式提出了不满，新的媒体形式由此产生，移动端的使用使得每个人都可能成为一线记者，通过自己所见即所得的方式，将获取的新闻通过互联网进行传播，而这些信息的形式可以是图片、视频甚至是文字描述。信息在社交网站上传播的过程中，可以被好友浏览发现，好友在对分享信息评论、修改及转载的过程中就使得信息进行了二次传播。通过朋友圈的进一步扩散和传播，使得最初的信息以几何裂变的方式进行爆炸式的传播和扩散，这样的传播方式就促使自媒体这一概念的诞生。自媒体打破了传统媒体的信息垄断，实现了普通受众的媒体接近权。这一权利的行使使得每个公民及每个社会群体都有相关的知情权和传播权，这一特点使得自媒体得到了广泛的接受，成为整个社会的主流传播媒体。自媒体的形式不同于传统的媒体，更多的提倡全民的参与性，本质上具有双向性、自主性、多元性、平等性和参与性，这种传播的形式是实现民主参与的重要实践和保障。

（二）传统"把关人"理论失灵

自媒体对传统意义上的信息传播者与受传者的界限进行了模糊化，在根本上颠覆了传统媒体模式中信息传播的一对多特性，也彻底消除了"把关人"的角色概念。"把关人"这一理论概念主要是指传播者要对自身传播的信息进行有效的筛选和过滤，进而对信息的有效性和合规性进行控制和把关，对于执行这项行为的具体人员就称为把关人。对于大众媒体来说，其信息的把关过程具有一定的复杂性，参与把关工作的人员不仅仅包括记者同时

还有编辑个人的把关活动，对于把关的后果也会受到传媒组织立场和方针的左右。而自媒体与之不同，其把关的活动在实际操作中十分困难。一方面，把关人对于自媒体平台中言论的控制很难实现；另一方面，自媒体平台中人人都可以作为把关人，由于自媒体的传播具有高度的参与性，并且具有言论的自由性，在对信息的获取时往往会发表自身的评论和见解，这就与传统意义上的把关活动相反，不能很好地实现言论的统一和一致性，缺乏单一的价位体系和社会的规范。由此可以看出，在自媒体时代，传统媒体意义上的"把关人"的概念所发挥的效用是缺失的。

（三）受众面临选择性困惑

自媒体根据其传播的特点来看，是一个公众可以参与的平台，人人都有发表言论的权利，而对于信息传播中其数量可以多到无法统计的地步，另外，由于二次甚至是多次转载使得信息的质量参差不齐，因此信息的传播缺乏有效地规范和监督，信息的不规范性使得受众在获取信息时面临困难。一方面，由于信息传播的海量性特点因此受众在对这些信息的获取时感到无从下手；另一方面，信息的多次传播及转载使得信息的质量无法保障，因此受众对信息的可靠性产生了担忧。自媒体形式中较为常见的形式多为微博、微信等相关社交网站等，这些社交网站在对信息的传播中往往通过简短的字数形成对信息的描述。其突出的特点就是"短、频、快"，而字数的限制更是对信息内容无法进行充分的展开描述，另外在信息的传播中由于更新的速度很快，往往使得受众不能及时获取相关的信息。对于获取的信息缺乏深入的思考和讨论，往往通过转载人的思想来认同，由此看来，这样的信息缺乏一定的约束性和规范性，就会造成受众选择信息的困难，也会造成对信息的恶意撰写和传播，在一定程度上造成社会风气的败坏。

四、新兴媒体带来的机遇——以自媒体为例

（一）提供更多新闻线索，拓宽传统信息渠道

门槛低和不受时间和地域限制是自媒体行业的两大特点，这就使得大众普遍具备传统新闻媒体进行信息传播的能力。同时，也为媒体的信息传播及来源拓宽了范围，例如，传统的新闻事件发生之后，现场群众会通知新闻媒体记者到现场进行跟踪报道，除了新闻记者外，普通人一般不会置身于事件中，而记者的报道具有滞后性的特点，当事件发生之后，如果记者没有捕捉到实时的信息则会针对围观群众进行采访，影响了信息的准确度。自媒体传播之后，事件发生现场的围观群众在一定程度上通过手机或者其他拍摄记录工具，担当了信息记录的角色，与自己的见解配合发布在论坛或者网站上。新闻事件通过社交关系进行几何形的传播，当职业媒体人发现这条自媒体人发布的信息之后会精细化处理，从专业的视角进行分析和判断推测，让事件信息通过更为专业和具有说服力的视角二次传播下去，并且其影响范围和传播速度都会变大。从一定角度上来说，自媒体用户为职业媒体提供了原始素材并促进了工作效率的提升。

（二）提升传统舆论监督力度，扩大媒体社会影响力

自由化程度高和自主化明显是自媒体信息的两大特点，在不使用旧式的信息管理手段的情况下，使用者能够不区分时间和地域的对社会热点进行曝光，同时支持其他网络使用者进行信息获取。在这种影响下，政府和公职机关会对曝光现象采取处理措施，最为典型的实例是闻名全国的郭美美事件。一般来说，自媒体对于舆论信息的操作主要按照以下流程。首先跟进发帖者的信息并给出自己的评论和互动，在围观网友数量持续增加的基础上，网

络上出现了针对这一事件的漫画、幽默调侃笑话，或者讽刺图片等，经过持续发酵最终引起官方的注意，由此开始官方介入实质性的调查研究，经过处理后官方通过公众平台发布处理办法和结果，事件由此有了了结。自媒体对事件的关注可以看作是信息发酵传播的过程，通过影响力的不断扩大，迫使舆论监督单位进行关注和处理。无门槛的全民参与是自媒体的主要特点，这也是近几年来舆论监督的新兴力量。自媒体从某种情况下来说承担了大众传播的社会功能，特别是社会规范强制功能。著名的学者拉扎斯菲尔德和默顿曾经提出大众传播的社会功能观点，其核心思想是大众传播最重要的一点是公开性，一般来说在非官方渠道下，公众对获取的规范违反行为不会给出群体性的行为，但是如果在大众媒体的曝光下，在道德约束的前提下，公众会对社会规范给出自己的支持和力量。同时自媒体没有信息把关的限制，因此，与大众媒体的影响力相比，其力量不容小觑。

第四章 传统电视媒体的新兴媒体转型与发展

第一节 传统电视媒体的现状

一、传统电视面临挑战

2014年，中国机顶盒市场保有量突破3.2亿台，相比2013年年底，增长超过4400万户，增长幅度达到15.7%。根据普华永道发布的《全球娱乐及媒体行业展望》报告，全球娱乐及媒体服务支出在2016年达到2.5万亿美元，远远高于2011年的1.6万亿美元。该报告指出，流媒体服务支出在2016年达到110亿美元，超过2011年传统电视节目订阅支出。移动互联网消费额将继续增长，其占全球互联网消费的比例在2016年将达到40%。种种迹象表明，随着传播技术的不断发展，传播手段的推陈出新，传统电视正在被互联网所蚕食。

互联网技术的发展，PC、智能手机、PAD、智能电视一体机的普及，已经完全打破了电视节目只在电视荧屏上播放的格局，变成了一个个碎片化的单元，电视无"台"现象随即产生。智能移动化的存在，受众不必在固定的时间、固定的位置等候要观看的节目，他们可以通过控制智能终端随心所欲地选择电视节目，这就给传统电视的发展造成了强大的冲击。

在媒介市场进一步细分的状态下，传统电视的缺点逐渐显露出来,电视受众变得狭窄,广告客户也在不断流失。在节目内容上,同质化现象严重。例如,湖南卫视的《爸爸去哪儿》和浙江卫视的《爸爸回来了》;湖南卫视的《我是歌手》和浙江卫视的《中国好声音》,它们纵然在节目形式上有所不同,但其娱乐的本质并未改变,严重的同质化反而会引起用户的强烈反感。

电视受众的流失直接影响到传统电视的收视率。根据中国互联网络信息中心统计,截至2015年6月,中国互联网的网民规模已经达到6.68亿,普及率达到了48.8%。2014年网络视频观看人数达到4.39亿,网络视频使用率为73.2%;2015年第一季度国内网络视频行业市场规模达到41.1亿元,与上年同期相比增长38.6%,预计2018年将达到300亿元。互联网智能终端的普及正在改变受众的习惯,同时也分流了更多的受众群体。这表明,通过互联网收看电视已经逐步成为音视频传播的主要渠道,从而使得传统电视的收视率受到影响。

广告收入锐减,盈利产生"极限",不利于传统电视在激烈的市场竞争中立足。和其他传统媒体一样,传统电视的盈利模式仍然单一,主要依靠广告收入。据统计,全国广播电视行业2013年的广告收入约为1302亿元,比2012年的1270亿元增加32亿元,增幅仅为2.5%,较2012年13%的增幅降低了近11%。而互联网视频的规模却保持高速增长,2013年全年,在线视频市场规模同比增长41.9%。传播渠道的改变,使得传统电视的广告客户出现大规模流失,甚至严重影响到电视行业的创新发展。

尽管全媒体时代互联网的普及给传统电视的发展带来致命的一击。但是,它也打破了媒体间的壁垒,鞭策传统媒体革新。利用好新技术,促使新兴媒体和传统电视共同发展,这对传统电视来说既是机遇又是挑战。

二、传统电视媒体的现状与困境

改革开放以来，我国电视踏着改革的节拍，从姗姗学步成长到如今人们日常生活须臾不可缺少的"第一传媒"，但是由于互联网技术的出现，人们接收信息的渠道逐渐增多，不再拘泥于传统的报纸和电视媒体。正是由于这种新的传媒方式的冲击，中国乃至全世界的报纸、广播、电视等传统媒体占据的市场份额已经出现逐年下降的态势。

（一）现状

1. 电视媒体兼有上层建筑和信息产业双重身份

一方面，地方电视媒体要为当地群众宣传和解读国家的路线、方针政策，为政治经济生活服务；另一方面，又要为了自身生存发展兼顾经济效益。这就需要媒体在公益性、营利性之间做好协调与平衡，否则就会伤及自身，降低媒体的公信力和影响力。

2. 收看节目来自于观众的收看意愿

小小的遥控器成就了受众的"上帝"地位，受众可以在被动接收的前提下拥有少许的主动权，他可以在几十个频道中任意选择。同时，各种收费电视和数字电视的入侵，使得很多地方电视台失去了对本地区的控制权。特别是省会市台，更是处在同城多台的惨烈竞争中，他们的发展面临着更大的困难与挑战。地方电视媒体自办节目比较少，以外来节目和转播节目为主，自身能力不足。

3. 地方电视媒体覆盖面不足

地方电视媒体覆盖面有限、发展空间小、资源不足、市场狭小等，这些从先天上决定了它所占的市场份额必定有限。

(二) 困境

1. 受到各种冲击

目前主要的威胁来自地方电视台中不断出现的新兴媒体,以及中央、省级媒体节目的冲击,从而使地方电视台的收视率无法突破。随着行业政策、技术的发展,以及省级以上电视台节目上星,地方电视台面临着严重的生存危机。如果我们不能充分认识和正确对待危机,不能找到一种有效的方式来解决危机,就会影响到地方党委和政府在基层的工作宣传、贯彻和落实,更会影响到地方电视台的生存和发展。

2. 盈利模式单一,缺乏一个比较成熟而又适用的利润增长机制

长期以来,电视节目模式仍然是由行政决定,媒体业务按照企业管理模式进行运作,慢慢地与市场对接。目前,改革正在推进电视领域,诚信电视市场体系逐步建立。然而,被推向市场的电视媒体在寻求经济效益的过程中仍未突破单一的盈利模式。广告额牵动着媒体的经济生命线,这就制约了地方媒体的做大、做强,导致可持续发展乏力。

第二节 传统电视与新兴媒体的融合发展

一、传统电视与新兴媒体融合发展的模式探析

(一) 打造平台型网络电视台

随着新兴媒体的产生发展,传统电视市场遭到巨大的冲击。因此,电视媒体应基于自身形态,与网络新兴媒体技术充分融合,经由上网建站的模式逐步使电视媒体得到延伸发展。以技术及规

模为衡量指标，我国首家平台型网络电视台即中国网络电视台始建于2009年12月28日，其全球覆盖范围广、内容丰富、能够即时传达，还可以进行个性定制，充分发挥了电视平台及网络平台的双平台优势。这种多元化的平台功能驱动着传统电视媒体的转型。因此，创建相对优质的网络电视平台对于传统电视媒体与新兴媒体融合发展模式目标有一定作用。根据现阶段业界的发展来看，在建设平台型网络电视的过程中，应着力打造三者为一体的新型媒体平台，即双向交互的共享平台、非线性传输的技术平台及海量专业化的内容平台。通过互联网、移动网等多种途径为各类用户提供全新互动的节目资源，使得传统电视媒体向着更加广阔的领域发展。以中国网络电视台（CNTV）为例，CNTV基于传统电视节目资源，对其进行了再生产、再加工及碎片化处理，获得了用户的欢迎。此外，CNTV还创建了多类型的原创品牌节目，鼓励用户创造原创作品，并在平台上进行分享；从非线性传输技术方面来看，CNTV为用户提供了多元化的服务，打破了传统电视节目"逾期不候"及用户等电视节目的被动模式；从海量专业化内容方面来看，CNTV依托CCTV海量的优秀历史影像资料及全国电视机构，每日24小时播出大约1000多个小时的时评节目，成为资源量最多的多媒体数据库。从CCTV国际互联网的建设至CNTV的成立，这一过程足以表现出传统电视媒体向新兴媒体融合的可持续性发展特征。

（二）打造完整网络化电视产业链

1. 生产平台网络化建设

若从宏观方面分析生产平台网络化建设，则生产主要是指整体的生产运行。我国的传统产业生产体系，其在生产运营过程中是以模拟电视制式及非数字化电视为技术标准，以行政高度集中化为组织结构。现阶段，数字化电视尚处于整体转制期，由于网络化的改造仍然比较局限、不全面，因此电视生产平台还要全面达成网络化，从组织管理结构方面真正达到扁平化。

2. 生产方式定制化

国内的传统电视生产方式以往为粗放型，就是将一个版本进行不限制复制，在一个节目中全国范围内进行展播，尤其是非新闻一类节目表现更加明显，对于观众的市场定位相对较为模糊，缺乏清晰性。但是网络化生产方式具备目标式精细化、个体化及分众化的特点，生产效率是绝对超过传统电视的。

3. 生产流程的双向化

传统电视产业作为一个独立的产业链，其生产流程为单向流程，即电视内容生产→节目输出→用户接收。而网络化的电视产业除了具备传统的单向流程外，还使得逆向与双向流程利用终端优势，对信息进行创造并且在网络媒体中广泛传播。

4. 生产领域跨界化

现阶段，在生产经营方面，传统的电视产业链仍然局限于电视节目内容等虚拟层面，在网络化技术大力发展的背景下，网络化电视产业链的生产空间及产业资源得到了很大的提升与拓展，呈现了跨越式的发展，大力驱动着电视和新兴媒体融合的大方向发展。所以，相对比较陈旧的电视产业链，网络生存情况下电视产业链就会将很多信息及数据库作为中转站，将数据商品作为商品进行出售，这种网络化的传播途径打破了单一化的电视机终端模式，扩展到了各种信息接收终端，另外还使数据信息的销售达到了可持续性的发展，使经济效益得到了很大程度的提升。因此，网络化生存下的电视产业链只有形成完整化，电视与媒体的融合才能达到可持续化。

（三）逐步健全网络化电视产业体制创新

1. 对经营体制进行创新

在网络化和数字化快速发展的今天，我国的传统电视产业格局已经不再局限于原有格局，更大格局的媒体市场随之发生，无论是从电视制作、节目播出、传输，甚至是节目的接收方面都发生了重大改变。随着网络技术的不断升级，电视产业的经营模式也相应发生了变化。节目开始实行收费制度，内容也需要付费，不同的综合信息平台正常运行就成为电视产业未来发展的关键模式，电视产业的经济收益途径会越来越广，彻底颠覆了以往电视产业的盈利模式。另外，随着新型业务层出不穷，传统的市场运作模式和商业模式会发生巨大转变，这就能够在最大限度内改变传统电视产业的市场机制。

2. 对传输体制进行创新

随着网络化技术的发展，网络化电视产业体制对经营主体的要求也发生了变化：第一，需构建统一的传输网络；第二，构建融合网，能够实现兼容标准的终端，达成平滑过渡；第三，完全打破传统的电视产业格局，构建一个自由、开放、公平、竞争的市场体系。

3. 对制播体制进行创新

作为传统电视产业分工体制的中枢，制播体制由制播一体化构成，在电视台正常生产运行过程中，节目从搜集材料直到节目的最终播出，每一个细小环节都是由电视台独立完成，属于封闭方式，这与现代化生产方式有很大区别。现代产业的制播分离体制的加强与优化，不但对网络化电视产业链构建有积极的影响，并且还会促进电视产业管理发展更加科学合理，管理模式和现代的产业机制会逐渐朝同一方向发展。

4. 对投融资体制进行创新

现阶段，我国电视行业范畴的投融资政策仍然不太稳定，除了新闻节目，国家大力鼓励国外、国内社会资本投资到我国电视制作方面，不过众多媒体企业出现了自有资金不足，导致后期资金紧张的情况，这就导致传统电视台新兴媒体业务增长速度减慢。目前，创建一个相对开放和谐的多元化投融资制度，使得更多的资本进入电视产业领域，是保证我国电视产业融资过程健康稳定发展的重要条件。

5. 对管理体制进行创新

根据国内市场经济体制的不断深化，传统媒体业的逐渐融合的态势已经有所加快，产业创新的界限不再模糊。所以，管理机制的创新成为电视产业发展中的必然选择，其管理组织结构及职能均发生了重大转变。传统的管理对象主要以宣传单位为主，而在网络化、产业化及市场化背景下，管理对象越来越多元化，往往是以具有产业功能商业性文化机构作为主要性能。因此，管理性能也会有所改变，不乏创新之处。

二、传统电视与新兴媒体融合发展的转型策略

（一）内容生产转型

传统电视要想摆脱目前的不良发展状况，首先需要对内容进行转型，传统电视与新兴媒体融合发展的转型的基本目标是建立集视听效果、网络新兴媒体特色、电视特色于一体的立体化生产平台。具体要从以下三个方面做起：第一，进行资源整合，变分散资源为聚合资源。传统电视生产环节的资源分散性突出，生产环节的有机性不强。因此，在与新兴媒体融合发展的过程中，传统电视需要借助新兴媒体的力量，对新兴媒体资源进行整合，建立传统电视与新兴媒体相融合的生产发布平台，对生产资源进行

重复利用，以此扩大传统电视与新兴媒体融合的品牌效应。第二，实行差异化制作。随着人们文化需要的多样化发展，传统的粗放型制作方式已无法满足人们纷繁复杂的文化需要。所以，传统电视与新兴媒体的融合要将受众面固定化，对具体的受众人群需求进行分析，提供对口的文化服务。第三，实行双向互动。过去，传统电视仅仅从满足用户的单向需求入手，而在如今科学技术日益发达的今天，传统电视要想实现与新兴媒体的完美结合，就需要不断研发新的技术，使得观众在观看电视节目时能够提出个人的看法，而后系统对此做出智能化反应，使得电视与观众之间构成双向互动的交流平台。

（二）传播策略转型

传播信息是传统电视发展追求的基本目标，而在当前信息化时代蓬勃发展的当下，信息的传播不仅仅关注信息传播的内容，更加注重信息的传播是否广泛、传播渠道是否畅通及传播效率是否高速。传统电视要想实现与新兴媒体技术的有效融合，必须从以下几个方面进行传播策略转型：第一，建立全方位的信息覆盖网络，实行无缝隙对接。传统电视与新兴媒体的融合要考虑到信息传播的死角，即信息传播过程中可能遇到的障碍，然后对障碍进行清除，使得信息的覆盖面尽可能广泛，减少信息传播过程中的缝隙。第二，建立用户互动机制。未来电视的发展需要以用户的需求为核心，并注重用户对电视产品的体验过程。例如，同一人群对手机的使用时段和电视机的使用时段一般是不同的，在用户使用手机时，电视内容供应商要注意在该时段传播相关信息。此外，要最大限度地增加用户的体验机会，满足用户的体验需要。第三，加强合作，拓宽用户渠道。传统电视要想与新兴媒体更好地进行融合，必须要拓宽用户渠道。传统电视可以与商业网站、移动运营商等进行合作，拓宽信息的传播渠道。此外，随着智能手机的普及，传统电视也可以与一系列社交网站（如微博、QQ、微信等）新兴媒体进行合作，这不仅拓宽了传统电视的用户渠道，也增强了传统电视的影响力。

（三）竞争策略转型

竞争策略作为产业发展的重要支撑，对于企业及行业地发展都是至关重要的。随着媒体融合速度的加快，电视媒体之间的竞争已经拓展到全媒体、全产业链的竞争，传统电视要想在此激烈态势下与新兴媒体实现融合，必须要进行竞争策略转型，具体从以下两个方面做起。第一，要建立品牌集群，最大限度地发挥规模效益。在与新兴媒体的融合过程中，传统电视要保留自身的优势并逐渐将该优势转向新兴媒体产业链中，以此形成品牌集群，推动新兴媒体业务的发展和业务范围的扩散。例如，手机电视的出现就是一个十分鲜明的实例。第二，要恰当使用广告营销策略。营销策略作为企业竞争优势的重要组成部分，其运用对于提高产品的附加值及增加品牌的知名度具有重要的作用。因此，传统电视与新兴媒体的融合首先要制定合理的广告方案，将产品在广告中进行宣传，放大产品的综合效益。广告营销将成为未来新兴媒体运营的重点方向，广告的运用对于满足用户的个性化需要具有特殊意义。

（四）经营管理转型

经营管理转型是传统电视与新兴媒体进行有效融合的必经之路，经营管理的转型主要包括内部转型和外部转型两大模块。首先，对于内部转型而言，要加快建立现代传媒技术管理制度，传统电视要加快体制改革，进行转型升级；对于内部工作人员，要加强职业技能和水平的培养，培养复合型的人才，满足新兴媒体发展的需要。其次，对于外部转型而言，传统电视与新兴媒体进行融合首先要对用户的需求进行掌握和分析，注重用户体验工作的开展，建立以用户为核心的传统电视与新兴媒体融合系统。经营管理的转型事关传统电视与新兴媒体未来的发展空间大小，必须予以足够重视。

第三节 传统电视媒体的新兴媒体转型

一、我国电视媒体在发展新兴媒体的实践中存在的问题

（一）内容匮乏，质量不高，缺乏监管

无论媒体形态如何，内容资源永远是媒体生存和发展的基础。具有竞争力的内容资源和适合新兴媒体传播渠道的内容形态，决定了我国电视媒介发展新兴媒体的质量和速度。随着互联网科技的发展，频道和带宽不再是稀缺资源，传播渠道和传播平台甚至出现过剩的现象，媒体内容已经成为真正的核心要素。虽然，近几年获得国家广电总局颁发的《广播电视节目制作经营许可证》的机构已经超过4000家，可相对于飞速发展的互联网新兴媒体来说，现有的制作规模和制作速度远远不能满足。

电视台网站方面，网站内容的重复率极高，大多数电视网站直接复制所属电视机构的媒体内容，把电视台各个频道的内容直接复制到电视网站上，其中以电视剧方面表现得最为明显。电视网站几乎成了一个母体电视机构的翻版，严重缺乏原创的、新颖的节目内容。同时，很少有电视台网站会根据网络信息的传播特性及网民的信息需求来设计内容。每个电视台经过多年的发展和经营都会积累大量的视频、音频和文字内容。因此，电视台网站大多不会开发自己的媒体库，而是直接将母体电视台这些资源进行整合搬上网页，形成自己的媒体库。与母体雷同的节目内容及

没有新意的传播方式自然吸引不了受众的注意力，根据百度指数显示，2013年国内各大网络电视台的用户关注度均值保持在300频次上线，相关媒体的关注度均值也只有不到50频次，而民营视频网站，如优酷网、土豆网的用户关注度超过了10万频次，相关媒体的关注度也在500频次左右，相当于广电系网站的10倍。

移动终端方面，电信运营部门本身没有内容制作的能力，而传统电视台制作的节目内容，由于时长和容量的关系不能直接提供手机、iPad等智能终端使用，必须经过改造才能在智能终端上进行传播。传统的电视机构虽有节目制作能力，但市场运作手段并不成熟，对于制作适合于移动终端的视频内容没有充分的积极性。

微博、微信等社交媒体方面，由于网络信息监管法律还未健全，对于虚假信息、垃圾信息等不良信息的传播缺乏有效地监管机制，导致社交媒体上各种不良信息泛滥，扰乱社会公共秩序，破坏社会信任链条。

（二）运营机制受限，业务路径多重交叉

我国电视媒体具有事业化体制、企业化运作的双重特点，事业单位的组织结构复杂，其运营机制往往造成业务内容的重复。例如，湖南广电集团下属的金鹰网、湖南经视和湖南网络广播频率都分别在运营其下属的网络视频业务。这种分散的业务路径造成了巨大的资源浪费，使得有限的信息资源得不到充分利用，分散的制作组织也难以向专业化、高级化方向发展。处于长久事业化体制下的电视媒体在新兴媒体管理机制方面还存在一些问题，例如，公司化改造不彻底，行政化思维方式严重，传统的人才管理和使用机制不适应新兴媒体发展等。体制化的诸多因素导致工作在电视媒体第一线的从业人员创新能力低下，从而阻碍了新兴媒体的进一步发展。

同时，国家对新兴媒体业务实行严格的准入制管理，电视机构如果要从事新兴媒体业务必须得到国家广电总局颁发的许可证牌照。对牌照的监管已经成为地方电视媒体难以进入新兴媒体领域的掣肘。据统计到2009年年底，国家广电总局在全国范围内仅批准了4家IPTV的全国性运营牌照，这4家单位分别是上海文广集团（SMG）、央视网、中国国际广播电台及南方广播影视传媒集团。除了全国性的运营牌照外，国家广电总局还批准了十多张地方性牌照，为地方电视媒体运营IPTV业务提供了政策支持。截至2013年3月，全国共有19家广电机构获得了广电总局颁发的网络电视台准入牌照。但是，我国IPTV用户呈现出地区分布不平衡的现象。数据显示，2009年11月底，全国IPTV用户达到了120.8万户，但其中绝大部分用户都分布在杭州、上海、河南和黑龙江等地，这4个地区的IPTV用户量占到了全国用户总量的80%。无法获取准入牌照地区的电视媒体只能在有限的范围内涉足新兴媒体。以长沙地区为例，无论是广播、电视还是平面媒体都单一地选择网站作为自己新兴媒体发展的载体。地域局限和相近的制作水平导致了内容的高度同质化现象。

（三）媒体内部各部门之间利益难以平衡

发展新兴媒体对于传统电视机构来说是个全新的业务，想要做好新兴媒体，不仅要积极探索和学习，还要有巨大的人力、物力和财力的投入。因此，电视媒体必须在政策、资金和人才等方面向新兴媒体实行全方位的倾斜。但是现实情况是，电视媒体所创办的新兴媒体基本没有盈利能力，大多数还是靠母体部门的补给，这就导致了在整个企业中新兴媒体的话语权相对较弱。例如，完全市场化的新兴媒体部门的高层人员在收入方面普遍比传统媒体的高层人员高，传统媒体发展新兴媒体时想要吸引高素质人才也必须对关键人才和核心岗位提供高薪政策。这样一来，薪酬的不平衡就会引起仍是传统媒体部门从业人员的不满和抵制，导致新政策不能如愿实施。另外，电视媒体想要创建一个新兴媒体并成功的运营，需要巨大的资金投入，这部分资金不得不从传统电视机构的利润中划拨出来，这种利润的转移更加大了发展新兴媒体的困难。综上所述，如果传统电视媒体想要发展新兴媒体，那么必须首先打造一支具有超前战略眼光和超强意志力的管理团队，着力协调传媒电视媒体和新兴媒体之间的利益关系，同时协调好传媒电视媒体内部不同子媒体之间的关系。

（四）缺乏市场细分，定位较为模糊

国内电视台网站的建设跟风现象严重，许多网站建设之初就缺乏科学的规划，只是参照别人的网站，它怎么做，自己就怎么做，加上采编投入不足，内容集中在单一影视领域，结果变成了"千网一面"的格局。

电视媒体和自身的网站是什么关系？网站只是传统媒体节目内容的延伸或另一种版本，还是一种新形式的媒体？抑或一种新型的信息平台？很多电视人可能缺乏仔细的分析和深入的探讨。定位其实就是确定一个细分市场，依据每个台自身的文化、经济、地域、风俗等特色，确定在网络世界当中如何开拓一番新空间。

有人认为，电视媒体网站如果走商业网站的路子。例如，依靠信息搜索和各类社会服务（如交友、求职、购物）等内容丰富、门类齐全的模式来发展，没有这个精力。电视媒体的网站要走的专业化和综合化是两个路径，二者不矛盾，关键是结合自身的优势做到商业竞争力的最大化发挥。像有的音乐台就开发一个音乐的网站，是影视频道就开一个影视网站，这样定位就是很好的市场细分，也会准确地抓住特定的受众群。电视网站的市场作用，不仅仅体现在传统频道受众群整体移植上，还体现在保留媒体价值上，而且还因为网站的广域传播力、无限时非线性沟通性，电视网站可起到对电视媒体品牌潜在的推广效应,并因此具备了商业平台功能。

二、传统电视媒体新兴媒体转型的 4 种模式

(一)模式 A:独立发展的传统电视媒体

目前电视媒体大多处于 A 模式,虽然也会在节目制作中加入新兴媒体元素。例如,宣传中的网台联动,节目中的微博、微信互动。但节目呈现仍以电视频道为主,新兴媒体版权出售换取收益,仍属于传统意义上的电视媒体范畴。

保持 A 模式继续发展的电视媒体未来可能向以下两方面转化。一是成为以内容制造为主的电视媒体,依靠强大的节目自制能力来支撑收视,收入主要来自电视广告及新兴媒体的版权销售。随着制播分离的跃进向前,想参与节目制作的"玩家"越来越多,电视人才外流现象出现,为体制所困的传统电视媒体能否留住优质的节目制作人,继续保持节目制作优势,将是该模式电视媒体面对的最大难题。另一个可能是沦为单一的播出平台,除了少量的自制节目,大部分播出内容来自外购。这类电视媒体缺乏竞争力,势必会被市场淘汰,就算在国家政策的保护下能够保留播出平台,最终也只能成为缺乏发言权的市场看客。

从市场态势来看,A 模式仍是目前大多数电视媒体的选择,但不是一个好的选择。尽管电视媒体是体制内企业,会受到一定的政策保护,但在新兴媒体汹涌的浪潮中不能前进,缺乏市场竞争力的 A 模式媒体必然会被历史的洪流淹没。为了跟上时代的脚步寻求更好的发展,必将有一批传统电视媒体积极求变,向全媒体转型,但同样也会有一定数量的电视媒体维持在 A 模式继续默默前行。

（二）模式 B：独立发展的电视互联网新兴媒体

B 模式的电视媒体，在探索新兴媒体的道路上走得更远，它们不再满足于简单地在节目制作中加入新兴媒体元素，或是建立一个能够播放自制节目的简约视频网站，而是全方位涉足这一领域。而且，它们选择的是独自上路。

模式 B 的领军人物是央视，提出"芒果 TV 独播"战略的湖南卫视也是该模式的主力。面对湖南卫视的"轰轰烈烈"，未有其他省级一线卫视跟进，原因很简单，这是一条异常艰辛的道路。首先，对传统电视台来说，涉足大型视频网站，缺乏技术平台支撑、带宽、服务器等设备，大量的互联网专业人才，这些都不是短期能一蹴而就的。其次，互联网想要获得大规模的广告投放，必须有最低的流量要求。一般来说，视频网站流量主要来自电视剧、电影、动画与用户上传视频点播，这个流量要求对于单个电视台依靠自身内容创办的视频网站是不容易具备的。

目前来看，只有像央视 CNTV、凤凰卫视、凤凰视频这样有实力的传统电视台依靠自身的优势在网络视频行业占得一隅。尽管依靠强大的节目优势及封杀转播，湖南卫视、芒果 TV 在部分栏目上抢占了先机，但能否借此转变网友的习惯，将节目优势转化为芒果 TV 的长期精准流量，仍未可知。对于其他传统电视媒体而言，无论从经济实力、技术实力还是节目实力来看，都显不足，在这条路上独自前行较为艰难。如此来看，B 模式目前仍只适用于极少数的强势电视媒体。

（三）模式 C：电视媒体与互联网的联合新兴媒体

C 模式的电视媒体也在努力转型，积极面对新兴媒体对传统电视媒体的冲击，然而和 B 模式的独立发展不同，它们选择的是深度"拥抱"互联网。

C模式的代表无疑是2014年宣布与阿里巴巴数字娱乐事业群深度合作的东方卫视。其实上海东方传媒集团有限公司（SMG）很早就开始布局新兴媒体，从东方宽频到手机电视、互动电视再到看看新闻网、建立百视通、收购风行网，但依旧不足以抗衡商业视频网站。此次合作也是SMG的全新尝试，双方将在彼此领域内达成战略合作，强强联手打造传统媒体、互联网、移动通信等方式相结合的全新互动体系，并在内容合作、天猫东方卫视旗舰店、技术及硬件开发、游戏开发等5个方面展开合作。

电视媒体在技术支持、用户数据分析、内容互动及衍生商品销售方面需要互联网公司的助力；而互联网公司看中的是电视台在内容制作上的优势，能够通过优质内容为自身吸引更多的受众与用户。两者的深度合作无疑是双赢的结果，无论对电视媒体还是互联网公司而言，均是目前最为理想、最具实效的发展模式。然而，对于强势电视媒体而言，能起到一定助力的互联网公司并不多，腾讯、优酷、搜狐等屈指可数，而具有一定实力的互联网公司愿意选择合作的电视媒体也仅局限于央视、一线省级卫视、部分强势二线省级卫视，这样算来，市场上最终所能组成的具有一定竞争力的"电视媒体+互联网公司"联合体不会太多。

（四）模式D：传统电视媒体相联合的新兴媒体

目前市场上并未出现D模式，但在其他方面电视媒体间的合作并不少见。为了摊薄成本，电视剧联合"上星"是大多数省级卫视的选择；为了对抗省级卫视，城市台购剧联合体屡见不鲜；随着一线省级卫视的不断发展壮大，倍感压力的二三线省级卫视在栏目播出上也开始寻求联合，贵州卫视与青海卫视双平台联播的亲子益智挑战栏目《爸爸请回答》掀开了省级卫视栏目联合播出的序幕，天津卫视和云南卫视也宣布联合播出明星生活体验真人秀栏目《女神嫁到》。

D 模式在市场上尚未出现，但可以预见，当市场上的强势电视媒体纷纷选择 B 模式或 C 模式成功转型之后，余下的电视媒体为了更好地生存，势必也要寻求新的发展模式。对他们来说，D 模式应该是一个不错的选择，这也应该是大多数不甘平庸的二三线省级卫视的最佳选择。当然，D 模式也存在很多问题。例如，如何分配投资，如何形成统一化的管理，未来的利益如何分配，还需进一步经过市场的磨合与检验。

三、传统电视转型的主要路径

（一）电视台的平台化转变

长期以来，传统电视的发展已经形成了"内容为王"的观念。然而，在互联网飞速发展的今天，传播渠道扮演着越来越重要的角色。虽然"制播分离"的体制打破了电视台"自给自足"的供应模式，然而在新兴媒体环境下，传统电视媒体垄断渠道的优势也被打破。因此，打造开放式的"中央厨房"，将其打造成视频内容的集成服务平台就显得尤为重要。在这个平台里，不仅生产制作电视台自身需要的海量内容，而且为其他电视机构、民营制作公司及社会内容制作机构生产内容，提供开放式的运营平台，甚至广大网民自制生产的原创内容也可以汇聚到"中央厨房"中，"中央厨房"再根据家庭电视、互联网电视、手机、户外大屏、车载电视等各种渠道终端提供特色化内容，甚至可以根据用户终端的需求提供定制内容、互动内容服务，成为视频内容的生产、交易、对内外播出的综合集成服务商。从内容的制造商向渠道的供应商转变，能有效地熟知用户的收视心理，使运营商取得良好的效果。

（二）电视优势内容的挖掘

"内容为王"是电视发展过程中不变的准则。对于一些有内容优势的传统媒体来说，充分挖掘优质内容并做大做强，通过各种渠道进行推广宣传，吸引更多的广告客户，进而增加由此带来的衍生效益也是变革传统电视的路径。新兴媒体环境下，大数据渗透到生活的方方面面，只有重视用户的体验，顺应当代传播趋势，加强观众服务的意识，朝着专业化、个性化的方向发展，改变电视节目粗制滥造的局面，从根本上创新电视内容，才能对用户形成足够的吸引力。电视内容产业是一个庞大的产业，利用数字媒体的长处对传统媒体的内容生产进行深加工，能够使内容得到更好的传播，同时也决定着数字电视能否长远发展。当前，我国的电视媒体奉行"娱乐至死"的精神，普遍缺乏爱国情怀和人性关怀，导致电视节目对民族传统文化的传承显得少之又少，外来文化大肆充斥着荧屏，这并不是一个值得高兴的信号。将民族文化的精髓与数字电视的发展结合起来，深度挖掘和弘扬民族文化的内涵，或许是电视内容产业的一根救命草。

（三）盈利模式的重新定位

传统电视媒体时代，广告客户以竞拍的方式购买电视台的广告时段，并通过一次付费的模式来盈利。但随着新兴媒体的发展，传统电视的广告收入增长出现停滞现象，广告客户也在加速流失。在新兴媒体时代，探索电视产业的每一个环节都能形成价值模块，使价值链网络化才是盈利的重点。随着媒体变革的不断深入，电视为广告主提供的不再是简单的时段，而是一套整合的广告套餐服务，即整合多频道、跨媒体的传播平台，使客户的投入在产业价值链上呈几何倍放大。电视在注重广告资源开发的同时，未来应更加注重以版权收入为主的媒资管理，以及电子商务平台建设和其他服务资源开发的全产业链价值模式探索，形成包括广告收入、版权经济、付费订阅、针对不同终端的内容推送和精准营销、电视购物等收入模式在内的整合营销新模式。

（四）资本运作的转变

传统电视时代，电视台都定性为"事业性单位，公司化运作"，将其公益性、政治属性和市场属性连接在一起，导致其本身市场化主体地位不强，在市场竞争中不断被取代。在新的经济环境下，面对新的竞争，应该为传统电视体制解绑，尝试建立集团总公司为母体，以合资子公司、分公司等分属企业形式为子公司的运营模式，确立新兴媒体环境下的企业，运用市场化的机制，真正实现市场主体地位，进行公司化运转。除此之外，应积极引入战略投资者，实现与资本市场的对接，用市场融资的手段解决境外站点建设、播控平台建设的资金短缺问题。这样才能够激活电视台的运营机制，主动参与市场竞争。

第四节　构建传统电视媒体的新兴媒体复合式发展战略

一、"内容为王"的内容开发战略

随着移动网络技术及电子终端技术的发展，受众接触到内容传播介质在形式上会越来越丰富，但无论这个传播介质的屏幕大小、价格高低、形状如何，在任何一个传播介质上流动的信息仍然是我们所熟悉的文字、图片、视频及音频素材，只是通过不同的编辑手段后，这些信息素材会呈现出不同的外化形式而已。也就是说，无论媒介技术如何发展，内容永远是媒介的核心价值。因此，在这样的趋势下，媒体的内容制作和内容编辑的重要性就越发凸显出来。强势的媒体会将自己的内容资源按照细分的受众需求与相异的传播方式进行调整,并在不同的传播介质或媒体平台上进行播放。这样一来,不仅能够尽可能地覆盖最广大的受众范围,还能够把自身的媒体内容放到其他平台上进行传播,从而获得更多的收益。

坚持"内容为王"的原则,打造经典电视节目,拥有吸引广大受众注意力的热门节目内容是电视媒体发展新兴媒体的制胜关键。在当下的新兴媒体时代,传统电视受众不再是信息接收的客体而成为可以自由选择信息和制作传播信息的主体。面对信息洪流,电视受众不再盲目地接收,而是更加挑剔,具有自主选择的权利。在新兴媒体平台上,电视受众不仅能够决定观看的节目内容还可以对节目内容进行评论,或与其他人进行互动沟通。受众接收水平的提高,对电视节目内容的制作提出了更高的要求。如果想在新兴媒体领域保持自己的竞争优势,电视媒体就应该根据新兴媒体的传播特征不断创新节目内容和节目形式,增强与电视受众的互动,并积极与其他媒体进行合作。

在发展新兴媒体业务时,电视媒体应该树立"受众至上,内容为王"的创作意识,将精彩的节目内容作为"套牢"受众和增强用户黏性的砝码。首先,创新节目内容的主题。传统电视机构的信息传播主体比较单一,基本上局限于中央到地方的"四级"电视台。而新兴媒体时代,智能手机、平板电脑等多功能的智能终端使得"人人电视台"成为可能,普通百姓通过博客、微博或其他渠道可以自由的发布新闻,成为信息发布的主体。因此,电视媒体在采集节目内容,确定节目主题的时候,可以把目光投向互联网,充分发掘广大网友的智慧,搜集近期网络热门话题或热门事件并把它们作为电视节目的线索展开报道。同时,把网络传播及时、迅速的特点作为一种为己所用的技术手段。其次,在节目内容的叙述方式和讲述风格上进行创新。传统的电视节目在叙述内容时，总是表现出高高在上的宣传者的姿态，把受众当作理所当然的信息接收者。而运作新兴媒体时，新奇有趣富有生动性的表现形式会更吸引受众，例如，用"草根化""故事化"及"本土化"的叙述方式将"硬"新闻进行"软"处理，这样不仅提高了节目内容本身的吸引力还增强了受众对电视媒体的"忠诚度"。叙事语言的创新对于节目质量的提升也有帮助。随着新兴媒体的兴起，网络化的语言进入了人们的视野，例如，"给力""斑竹""小伙伴们""人艰不拆"等网络词汇具有极强的感染力和喜剧效果，如果能将类似的网络词汇和网络语言适当地融合进新兴媒体内容的创作中，会使节目变得轻松有趣又引发受众的共鸣。除此之外，节目内容的开发还体现在对信息的深度挖掘和利用上，手机短信、博客、微博及微信等社交媒体上由网友个人发布的新闻信息大部分是简短的、分散的、表象性的而且带有极强的个人色彩，并不能作为对新闻事件全方位的解读。而电视媒体作为专业的传播机构，对这些离散的信息进行梳理之后，可以继续深度挖掘有价值的内容，生产出解释性、分析性的相关报道，满足受众进一步了解事实的需求。

除了节目内容方面的创新，发展新兴媒体时电视还应该注意节目形式的创新。开放性、互动性的节目形式是新兴媒体的特点。电视媒体把精彩的节目内容放到新兴媒体平台上时，应该注重互动功能的实现。例如，在新兴媒体平台上开设专门的讨论区，让受众在观看节目的同时可以对节目内容进行评论、评分或提交自己的意见，还可以通过实时连线让受众参与到节目当中，与主持人和嘉宾共同对话。

除了微观层面的节目内容和节目形式的创新，在宏观层面上电视媒体应该建立起能够实现跨媒体、跨行业传播的内容数据库。我国传统的电视机构制作的内容多是自产自销，基本上是一次性使用。不能重复使用更不能跨媒体使用，造成了巨大的内容资源浪费，内容产业的规模效应难以实现。跨媒体内容数据库是对电视节目的内容资源进行整合、共享及优化配置的手段和平台，在这个数据库中，所有的节目内容以数字化的形式存在，经过编辑和裁剪，适合于多种媒介平台的传播。电视媒体可以作为内容供应商，根据新兴媒体特有的传播方式，特定的受众群体，在内容数据库中匹配相应的内容资源。这样不仅简化了新兴媒体平台上节目的制作流程，提高了内容资源的利用效率，还有效的布局了内容运营层面的发展战略，树立了自己在产业链中的主动权。

二、统筹兼顾的产业链战略

当前社会，新兴媒体发展的风生水起，对传统电视媒体造成了很大冲击。为了应对新兴媒体的冲击，保持电视作为第一媒体的优势，传统电视机构纷纷调整自己的产业结构，进行产业链升级。新兴媒体时代下，媒介之间的竞争已经摆脱了单纯的报纸、广播、电视等媒介渠道的竞争，而将竞争升级到产业链当中。

产业链作为产业经济学中的一个概念，是指各个产业部门在一定技术经济关联的基础上，按照特有的逻辑关系和时空布局关系而形成的链条式的关系形态。产业链在本质上体现了具有某种关联的企业群结构，处于产业链上、中、下游的企业之间又保持着特定的供求关系。随着社会的发展，社会分工逐渐细化，能够由单独一个企业来完成的工作越来越少，不同企业之间的协同合作就变得尤为重要。

简单来说，传统电视媒体的产业链基本上包括了4个主体：内容供应商、节目运营商、平台运营商及受众。一个电视节目或者电视产品从产生到与观众见面都要经过这4个主体的运作。其中，传统的内容供应商一般为专业化的电视媒介组织，如中央到地方的各级电视台。随着直播分离机制的实行，内容供应商发生了变化，由一些个人或社会组织组成的内容生产机构出现。互联网技术的发展，使得电视产业的播出平台呈现多样化发展的趋势，同样的节目内容可以出现在电视屏幕，也可以出现在网站和个人智能终端上。

互联网作为新兴媒体发展的基础，在其产业链中扮演着非常重要的角色。电视媒体要在新兴媒体领域延伸，必须重视互联网的作用。目前，新兴媒体的产业链相较于传统电视来说，多出了网络运营商和终端提供商。具体来说，网络运营商包括了无线网络运营商、移动网络运营商、固网运营商等，它们拥有核心的网络资源，通过建立虚拟的网络环境来提供运营服务。终端提供商可以说是新兴媒体内容传播的最后环节，是承载内容资源的终端，如电视、手机和电脑等。理想化的新兴媒体产业链应该包括内容供应商、节目运营商、网络运营商、平台运营商、终端提供商及受众这6个主体。

新兴媒体的产业链比传统电视产业的更为复杂，上、下游主体的依附关系也更加紧密。产业链内部企业的分工与合作有效地提高了电视产品的制作效率，还为电视媒体的增值服务提供了发展空间。通过观察新兴媒体的发展历程，我们不难发现处于产业链上游的内容供应商是整个产业链的基础和核心，而处于中游的网络运营商为新兴媒体的发展提供了渠道，是电视媒体向新兴媒体转型的关键所在。当前，我国电视媒体发展新兴媒体时，遇到的首要难题就是符合新兴媒体发展规律和传播特点的原创内容资源十分匮乏。除了少部分娱乐综艺节目和电视剧实现了产业化，电视台和其下属部门包揽了大部分的节目制作权，各个部门又"各自为政"造成电视节目内容雷同，同质化竞争严重。私营的节目制作机构规模有限，制作能力有限，很难满足产业化运作对于内容资源的需求。因此，在构建新兴媒体产业链时，首先应该加强对原创内容的培育和重视，只有丰富了内容资源，才能为整个新兴媒体产业链提供一个稳定的源头。其次，我国特有的电视体制带来的割据和垄断格局使得新兴媒体产业链中的利益分配严重失衡，给新兴媒体产业链的构建和运转带来了一定阻力。因此，只有建立统一的技术标准和利益分配原则，发挥产业链上每个主体的积极性，才能使新兴媒体产业链拥有持有的动力。

经济的发展和技术的进步，使得人们对于多样化、个性化信息的需求量不断增加，各种智能终端的出现让人们在接收信息时有了更多的选择。所以，这就要求电视媒体在发展新兴媒体业务时，必须重视产业链的构建，发挥自身优势的同时，加强与产业链上相关企业的协同合作，实现资源的合理配置、产业的有效升级。新兴媒体的产业链具有开放性和互动性，这就要求产业链上的各个主体相互沟通、相互竞争，转变原有的发展思路，打通产业链的各个环节，提高新兴媒体产业的链动效应。

三、"一云多屏"的多媒体融合战略

在我国日益复杂的媒体环境中，由互联网衍生出的新兴媒体层出不穷，已经和传媒媒体形成了共存、竞争与融合的格局。因此，电视媒体想要继续生存必须积极投身于媒介融合的大潮中，把创新作为永恒的思维方式和行为准则。所谓多媒体融合战略，不仅仅是媒体形态的融合，更是媒体内容、媒体资源、媒体市场及媒介组织之间的融合。多媒体融合是一个发展变化的过程而不是一个最终的结果。传播技术的进步带来的是新旧媒体的叠加发展，不是某个新兴媒体直接取代了旧的媒体，而是一个相互影响、相互转变的过程。根据融合深度的不同，多媒体融合战略可以分为3个层次：第一层次是媒介互动，指的是媒体之间的战术性融合；第二层次是媒介整合，在这个层次上媒介之间实现的是组织结构性的融合；第三层次即媒介大融合，它指的是在同一个多媒体数字平台上融合了多种不同的媒介形态。

"云"这个词汇在近几年的互联网中经常被提及，它是对互

网的一种比喻说法，最初代表的是电信网，后来对互联网及其底层基础设施进行抽象描述时也用"云"。其实，本质上"云"就是一个内容或技术体系的集合。针对电视媒体来说，"一云"就表示一个以视频为核心的内容产品的集合；而"多屏"指的是手机屏、电脑屏、电视屏、Pad屏及户外广告屏。成功构建"一云多屏"的体系后，任何一个节目内容都可以在不同的终端之间实现进行互动和传播，用户可以通过同一个账号登录不同的终端来查看节目内容，还能通过评论和转发功能实现节目互动。"一云多屏"的多媒体融合战略的实施，有效地提升了电视媒体的传播能力，不仅扩大了节目内容的覆盖范围，还能让节目在不同的媒体平台上播放，变相地拓宽了电视媒体的收益渠道。

多媒体融合战略的实施会使电视机构的社会效益和经济效益发生变化，同时对电视新兴媒体产业的发展及相关政策法规的完善有一定的影响。首先，多媒体融合战略促进了传统电视产业结构的升级。媒介的产业结构与其经济效益的提高有着紧密联系，产业结构的升级会促进媒介经济效益的提高。多媒体技术和网络技术的融合，提高了电视产品的附加值，广电产业与电信产业的融合，改变了信息的传播模式，受众在获得更多信息渠道的同时享受了由媒介融合带来的及时迅速、图文并茂的信息服务。在市场行为的影响下，电视产业的组织结构由纵向一体化逐渐转变为横向一体化或混合一体化，这种合理高效的媒介组织形态有利于降低电视产业的运营成本，实现规模效益。

其次，多媒体融合战略能够拓宽电视媒体在新兴媒体领域的盈利模式。有专家把传统媒体的盈利模式简单的分成4种："卖广告""卖内容""卖活动"及"资本运作"。而我国传统的电视机构的盈利模式大多建立在"卖内容＋卖广告"上，这种比较单一的盈利模式增加了电视媒体的经营风险，一旦广告市场有变，电视媒体的经营就会受到很大影响。多媒体融合战略改变了传统电视媒体单一的盈利模式，为电视媒体的多元化经营提供了条件，有利于形成多点支撑的新型盈利格局。

　　除此之外，多媒体融合战略有利于传媒领域相关政策法规的完善。先前针对传媒领域的政策法规是依据明晰的产业分类而建立的，随着媒介融合的推进，原本相互独立的产业出现了不同程度的融合，产业边界越发模糊，业务领域也发生重叠，这导致政策法规在制定和实施的过程中遇到了困难。为了避免在现实中各个领域和行业的冲突，相关的政策法规必须做出调整以适应当下的多媒体融合状态。近年来电信和电视在业务领域的融合就让人很难分辨哪些业务属于电信行业而哪些业务应该属于有线电视行业。例如，引起社会各界广泛关注的手机视频业务，它的归属权和管理权到底应该属于电信行业还是电视行业，到目前为止仍然是个悬而未决的问题。

　　多媒体融合战略给电视媒体向新兴媒体领域的转型带来了许多积极效应。通过多媒体融合，电视机构能够在保持自身内容资源优势的基础上朝着全媒体集团的方向做大做强，增加媒体机构本身抵御风险的能力，应对西方媒介集团的冲击。随着"地球村"时代的来临，不少西方发达国家的传媒集团都把中国市场看作一块不可多得的"蛋糕"，我国的电视媒体如果不增强自己的实力，在全球化的竞争中将处于不利地位。

四、全媒体人才发展战略

　　人才是电视媒体向新兴媒体领域转型创新的核心资源。一切创意、理想及实践如果离开了人才都实现不了。因此，电视媒体在发展新兴媒体事业时应把人才作为一种战略资源，积极培养、吸引和使用人才，合理调整电视媒体的人力资源结构。随着传统电视媒体向互联网新兴媒体领域的转型和创新，媒介融合已经成为所有媒体发展的必然选择，而构建一支适应媒介融合发展态势的复合型人才队伍是传统电视媒体转型与创新的先决条件,也是电视发展新兴媒体成功与否的重要保障。

传统的新闻院校培养的媒体从业人员大多是"专业选手",一方面,他们的专业知识扎实、有新闻采编的实战经验,比较熟悉媒体的运作规律,工作上手较快;另一方面,当下大部分的新闻都偏向民生,不需要电视媒体的从业人员用专业知识去分析,而是需要用更贴近百姓生活的大众化、网络化语言去解读新闻现象。并且,从我国新闻传播学教育现状来看,刚刚毕业的学生还需要到媒体单位中重新学习。

为了适应新兴媒体时代对于人才的需求,对媒体从业人员的培养就要转变传统思路。首先,人才的培养应该做到与时俱进。当下我国的媒介环境复杂多变,互联网的发展带来了新的传播技术和手段,媒介形态和传播方式发生了重大变革,多媒体相互竞争相互融合的新型媒体格局和传播环境正在形成,这不仅对传统的电视媒体工作带来了巨大挑战,同时对电视媒体的从业人员的综合素质和适应能力提出了新的要求。其次,培养的方向应该落在全媒体人才上。全媒体人才应该具备3种能力:技术、运用、意识。技术能力是要求媒体从业人员除了掌握编辑、排版、评论等文字技能外,同时学会运用数码产品来完成图片拍摄、视频摄像、视频剪辑及非编等对新闻素材的制作,这样的人才可以适应多种媒体平台的运作。运用能力,就是要求新兴媒体从业人员能够在众多媒介中选择出合适的传播平台。当遇到一个突发事件时,哪些内容适合文字报道,哪些内容需要动态影像,手机媒体在何时使用,网络舆情是否可以引用,用现场播报的方式还是采用网友的爆料,这都是对全媒体人才运用能力的考察。意识对于全媒体人才来说至关重要,作为全媒体从业人员,如何突破传统媒体的思维定式和固有的媒体界限是一个值得思考的新课题。媒介融合要求媒体从业人员转变传统思维,树立服务意识,将受众由被动地接收者转为主动的用户，在制作节目内容时构建以用户为核心的思维模式。相同的内容信息放在"全媒体"平台上就会有不同的变现形式，而全媒体人才不仅要提供信息内容，还要根据不同受众群体的需求提供个性化和差异化的内容。

人才资源具有流动性。因此，电视媒体向新兴媒体领域转型时不仅要注重对人才的培养，更要建立合理的人才引用和管理机制，最大限度的发挥人力资源优势，从而避免因人才资源流动带来的风险。我国电视媒体特有的"双重属性"阻碍了人才引进和应用体制的改革，并未完全将市场机制引入到人力资源的管理上，这种滞后的管理模式必然会对电视新兴媒体的发展带来不利影响。因此，传统电视媒体在发展新兴媒体业务时，应该建立合理的组织架构、跨媒体的应用平台及完善的人才考核制度，扭转排资论辈的固有陋习，大胆创新用人机制。用合理的制度确保人才资源的稳定，用行之有效的激励机制挖掘人才的潜能，为媒体从业人员创造理想实现的机会，用事业的发展来吸引人才、用媒体的实力在凝聚人才、用与人才自身价值相匹配的薪资水平来留住人才，这才是电视媒体发展新兴媒体时应该采取的人才战略。

五、差异化品牌经营战略

品牌是市场化行为中的一个抽象概念，它是目标受众或广大公众对某一特定事物在心理上、认知上及行为选择上的综合感受及评价。一般的消费品在其使用价值被消费后就被人们所抛弃，品牌与消费品不同，它是一种虚拟价值，是人们对该事物的消费体验，不会随着消费行为的结束而消失，反而会更深地扎根于人们的心里，增加人们的认同感。因此，品牌是一个企业巨大的无形资产。品牌学研究的资深专家余明阳曾在《品牌学》一书提出了品牌战略的定义，他认为品牌战略就是企业为了提高自身的市场竞争力，围绕产品的品牌所制定的一系列长期的、带有根本性的总体发展规划和行动方案。品牌战略是企业迅速发展的必要条件，也是企业应对同类产品的胜出法宝。

新兴媒体领域的市场竞争很大程度上表现为媒介品牌的竞争。新兴媒体品牌战略的核心即通过打造差异化的节目内容和传播渠道来树立电视媒体在新兴媒体领域的独特品牌，实现媒体利益。一旦树立了自己的品牌，电视媒体就会在激烈的同行业竞争中处于优势地位，获得高收视率和广告主的青睐，品牌优势带来了经济效益，降低了媒介的经营风险。

但品牌的创立不是一蹴而就的，它需要多方面协调发展。电视媒体想要树立新兴媒体品牌，首先要打造差异化的品牌栏目或口碑节目，对节目内容进行全方位的包装，一般可以从以下几方面着手。一是台标。作为电视频道的主要标志，是观众识别区分电视频道的主要途径，它不仅具有标识作用还极具艺术性、装饰性和象征性。例如，湖南卫视的台标，用明黄色勾画出简单流畅的椭圆形轮廓，在左下方留出一个缺口，从外形来看很容易让人联想到被称为"鱼米之乡"的湖南省。由于颜色和形状与芒果很相似，不少网友也给湖南卫视取了个"芒果台"的昵称。湖南卫视的台标新颖独特，辨识度极高，整体上给人感觉严肃而不呆板、稳定而不失活泼。二是板块名称。新兴媒体平台上的电视节目内容通常由多个板块所组成，板块的名称需要在节目内容的基础上进行个性化处理，使之具有生动、鲜明的特点，同时符合网络传播的特性。三是主持人明星化。在新兴媒体平台上播放的电视节目的主持人也需要走明星化路线。明星化后，主持人本身就成了一个个人品牌，可以看作整个电视节目品牌的子品牌，不仅让更多的观众认识自己，同时通过明星效应也可以提高观众对该节目的关注度。

品牌具有延续性，传统电视媒体在发展新兴媒体业务时，必须重视品牌的构建。在品牌化战略的引导下电视媒体的传统业务的竞争力会显著提高。与此同时，这种竞争优势还会顺延到新兴媒体平台上，为传统电视媒体发展新兴媒体业务提供良好的品牌基础。这样一来，多个不同的媒介平台就可以共享品牌资源，达到相互促进共同发展的理想状态。

第五章　传统广播媒体的新兴媒体转型与发展

第一节　传统广播媒体的现状

一、传统广播的分类形式

（一）公共广播类型下的广播体制类型和代表机构

对于公共广播的定义，联合国教科文组织所给出的解释应该是最被各界所接受的："公共服务广播（PSB）是为公众广播，受公众资助和控制的。它既非商业公司也非国有企业，不受政治干预和商业势力的压力。通过PSB，市民被告知、教育，也被娱乐。当观点的多元化、节目的多样性、编辑的独立性及资金的可信度和透明度得到保障时，公共广播可以作为民主的基石。"

1. 国有国营

这种模式是国家拥有并且直接参与经营的广播方式，显著的特点就是资产归国家所有，行政范围上属于国家级别的事业单位直接领导管理，人员由国家任命，具备行政职级，同时经费、运营方向和业务范围受政府的监督。主要为了满足国家机构的宣传和其他需要。

典型的例子是苏联时期，设国家电视与广播委员会，统一管理和领导地方各级电视与广播委员会和全国的广电事业；运营的经费主要由国家直接拨出，中央台不播出任何形式的广告，地方台也只是很少量的广告收益。在其余国家，如印度全印广播电台、印度电视台，也都是属于政府新闻和广播部的国营机构，它们垄断全国的广电事业。

2. 国有公营

这种形式是电台归国家所有，但是整体运营是有公司性质下的社会各界参与的自主经营模式，显著的特点是资产归国家所有。但机构保持相对的独立性，采用企业化的管理和运作模式，通过董事会及相应的管理机构进行领导管理，政府只是起到监督和规范的作用，具体业务层面拥有较大的自主权。国家并非绝对的全面控制。

目前发达资本主义国家和许多发展中国家大多采取这样的体制，如英国广播公司（BBC）、日本广播协会（NHK）。例如，BBC由董事会领导，成员包括各个政党及社会代表，以及独立的苏格兰、威尔士、北爱尔兰地区代表，公司拥有自主经营权和业务独立性。日本的NHK采用同样的运作模式，但同样接受政府相关组织和人员的监管领导，承担相应的法规和义务的同时，享有编辑表达等业务层面的媒体自由。

3. 社会公营

社会公营大致分联合型和团体型两种形式，前者由社会各界联合主办，后者由某个公众团体或机构主办。显著的特点是都有独立的法人单位，在法制范围内独立地进行业务活动和经营管理等。从经营层面上来看，经费大多依靠视听费，有的依靠政府补助和社会资助，广告收入大多作为辅助形式。

目前实行这一体制的代表，如德国的公共台，也就是各州的地区性广播电台，大多由当地的社会各界组织共同组建共同管理，之后由地区性广播电台联合组建的两个全国性电台和一个全国性电视台（ARD）也属于类似的结构模式。同样的，美国的公共广播服务，也大多属于第二种组织形式。虽然美国广播行业基本上是商业模式占据主导和优势地位，但是在全境内同样存在1200多家公共电台和300多家公共电视台，这些公共台同样不以营利为目的，创办者包括州政府、地方教育部门、社会团体及高校等，主要为全民提供公共教育和服务等。

（二）商业广播类型下的广播体制类型和代表机构

1. 私有私营

顾名思义，这样的模式是完全私有化的电台形式，由私人独资、合资或者股份公司的形式组成的广播企业，显著特点是无论资产还是业务方针都是私人决策，国家只是根据相关法律调控管理，以营利为目的，实行商业化运营，广告收入为主要经济来源。

目前在世界范围内存在很多这样的私营电台，如美国，私营商业电台甚至要占到全国广播电台的80%以上，这些电台受市场竞争的影响，不断竞争兼并集中，往往形成一些具备较强竞争实力的垄断性公司企业。例如，在美国，全国广播公司（NBC）、哥伦比亚广播公司（CBS）、美国广播公司（ABC）、福克斯广播公司（FBC），几乎控制了全国绝大部分的广播电视市场。而在亚洲发达国家中，以日本为例，私营广播电台的受众数量上几乎与NHK这种公营电台相匹敌，其中的东京广播公司（TBS）、日本电视广播公司（NTV）、全国朝日广播公司（ANB）、富士电视公司（Fuji TV）也基本形成类似美国的广播格局。欧洲和其他一些国家私营广播在很多时候已经能够和公共广播平起平坐，甚至在拉丁美洲的巴西、墨西哥、阿根廷、智利等主要国家占据较大的优势，成为当地电台领域的主导。

2. 公私合营

这种形式是一种较为特别的存在，属于国家和私人合作或合资兴办的广播电视机构，其中包括两个较为显著的特点：合资，合作。这种体制目前在发达国家和发展中国家都存在较多,典型的例子如法国的新频道电视台(Canal Plus)、法兰西国际电视台(CFI)、"俄罗斯公共电视公司"等。该体制最盛行的还是英国,英国商业广播几乎都是由独立广播局(IBA)管辖,虽然这一机构后来被其他机构所拆分取代,但是由国家出设备,私营公司提供节目制作播出这一公私合办的经典模式始终未曾改变。

二、国内广播主要频率定位及传播优势

(一)新闻频率定位及传播优势

据不完全统计,目前我国国内新闻类频率有将近300个,这其中又大致分为新闻综合类和类型化新闻频率两种,其中前者为国内各个级别广播电台的第一频率,第二类则更多地倾向于板块化和插播滚动方式,用以填充占据较零碎和特殊时段,在一个小时的有效时间内,重复滚动播出不同行业分类新闻。新闻频率在各地往往具有较为官方的背景,其权威性、专业性和真实性的特点使这一频率类型在知名度、听众号召力和影响力方面占据较高的地位。同时,在雪灾、地震等灾害时期的特殊传输作用和报道,也为客观上新闻频率提升影响力和收听率起到不可忽视的作用。

据爱立信媒介研究调查结果显示,新闻类频率目前仍旧是全国广播市场中的主角,几乎占据整个广播行业30%的市场份额,具体的收听分析和节目构成方面,新闻类频率在上午时段往往最具影响力,收听率高峰往往集中于上午7—9点及中午时段,下午和晚上的收听率则往往较低。近几年,虽然其他频率对于整点新闻时段的开发和听众抢夺日趋激烈,但凭借多年所积累的影响力和公信力,新闻频率扎根本地新闻,发挥自身快捷迅速和品牌优势,依然能够占据该时段收听的优势地位。

（二）音乐频率定位及其传播优势

顾名思义，音乐频率是以音乐节目的播出为主的电台频率形式。音乐广播是广播领域较早发展起来的专业化细分频率类型，随着多年的发展，音乐广播已经成为专业化细分频率成熟运作的典范，各地广播电台大都设有音乐频率，但定位存在较大差异。目前较为主流的类型为两类：一是专注于某一细分类型音乐的节目形式，如流行音乐、欧美音乐、怀旧音乐等，这种频率的节目更偏向于专业化和精细发展，如上海东方广播旗下的"经典947"；二是包容多种音乐成分的音乐广播，这一类别的音乐频率往往根据具体的时间段收听群体的不同和对音乐的需求差异，在不同的时段安排风格类型迥异的节目，该类别的音乐广播往往节目类型多样，板块化明晰，不同时段和板块之间的节目差异较为明确。

音乐广播在广播频率类型中占据较为强势的地位，不同于新闻频率更偏向于严肃的官方性质，音乐频率往往娱乐性更强，节目编排的灵活度和风格更活泼多变。作为专业化细分广播的优势频率，音乐广播的发展首先满足受众娱乐化的需求和放松享受，其次对于伴随收听为主的电波节目来说，音乐是最好的节目类型。最后，在活动氛围营造、宣传造势方面，音乐频率在发展过程中逐步摸索出一整套行之有效的方法，这对于线上线下，节目和活动的配合领域提供了很多的借鉴。而在近几年，随着全民娱乐化诉求的提升，各地音乐类广播的发展也呈现出较好的前景。

（三）交通、经济频率定位及传播效果分析

与音乐和新闻类频率相比，交通或经济频率虽然同样能够占据地区广播收听率前三名的位置，但与前两者相比，交通及经济类频率受地区经济和发展状况的影响更强，与当地基础设施建设、

经济氛围、人均生活水平息息相关，但两者之间无论从定位还是节目构成方面都存在天壤之别。经济频率主旨在于为受众提供较为专业的经济信息、经济咨询方面的服务，针对性的吸引着关注金融、股票等经济金融信息的人群，受众黏合度较高，专业性更强。往往在金融经济风气更为浓厚的南方开放城市占据更多的收听率。而交通频率是近几年随着汽车行业的发展、汽车保有量的不断提升而飞速发展起来的广播频率类型，其中代表性的为北京交通台，无论收听率还是广告收入都占据当地广播市场不可动摇的地位。但与经济频率类似，广播频率受到地域性的影响更大，除北京、上海、广州、深圳等一线城市和省会城市外，其他二三线城市交通频率往往处于较为弱势地位，其收听率往往直接取决于当地汽车保有量和路上行驶时间。

（四）其他细分频率、地域性特殊频率类型

目前，各地细分广播频率还包括体育、美容养生、评书故事等一些其他细分形式，但无论哪种定位形式，大多可以划分为娱乐和服务两大类别。不同的频率定位划分只是按照各地不同的风俗、习惯、喜好和文化背景差异，这些类别的频率往往不太具备异地之间的借鉴性，更多地服务于特定地域和人群。

三、传统广播节目的主要特点分析

（一）线性传输——传输过程的不可逆转性

众所周知，电波媒体最显著的特点之一就是其传输的线性和不可逆转性。无论是在早期的公共广播还是目前火爆的数字电台，作为电波媒体最主要的呈现形式——语言节目，始终遵循着这样的特点，语句的连贯、逻辑的清晰、表述的明确和吸引力在很大程度上成为评价一档广播类节目好坏的重要标准，其传输过程中的不可逆转性成为自身节目显著特点之一。

（二）传播过程中的即时性和伴随性

广播媒体的便携性使得它对于收听的时间和地点没有过高的要求，受限制较少。同样，相比于纸质媒体的信息呈现滞后和电视媒体信号转化的烦琐，电波媒体的节目制作便捷，反应速度快，往往能够在第一时间传递有效信息，具备更高的即时性。加上通过听觉器官的传递方式，广播仅仅通过声音这一种单一介质传递信息，使得听众能够在收听的同时可以兼顾其他事情，并不需要独占受众。这种非独占性也是电波媒体主要的特征之一。

（三）传输简单保留性差，特殊时期的便捷性和高可信度

广播媒体主要依赖电波传输的形式发送节目，而与电视、平面媒体相比，电波媒体对于技术和设备的要求更低，往往能够在极端的时间内建立一个传输发射点，而很多语言节目的特性，又要求主持人在节目直播的过程中加入更多的自身观点和即兴发挥。因此，相比于提前印刷成文的平面媒体和更多要求的电视节目，广播节目有着更强的机动性，但同时也存在着受众层面节目保留性差的特点，较难满足受众反复收听的需求。

四、制约传统广播媒体规模性发展的瓶颈

（一）传输技术限制

广播节目作为依赖电波传输的媒体形式，节目传输质量和范围在很多时候取决于电波的稳定性和传输质量。而根据发展时期和要求的不同，目前广播传输覆盖的手段主要有 3 种：中波广播、短波广播和调频广播。中波广播是较早提供声音广播专用的频段，目前也仍然是很多国家和地区声音传输的最重要手段。但中波广

播的声音质量较差，而且受制于频谱的局限，频谱拥挤，只能容纳120个频道，这就直接导致了节目套数和内容受到限制，无论对于内容还是频率的大规模发展都存在很大的局限性。

作为传输重要手段之一的短波广播，频段介于中波和调频之间，最大的特点就是传播距离最远，可以达到几百至几千千米，因此，被很多电台用于节目传送、大面积覆盖和国际广播。然而，短波广播同样有其自身的局限性。例如，短波广播频谱与中波一样拥挤，且传播很不稳定，对于线性连续传输来说存在一定的问题。

近几年，调频广播成为主流的传输形式。这是20世纪50年代发展起来的一种新的声音传播方式。而且调频广播音质优美，可以做高保真度广播，传输抗干扰能力强且频段宽、频道数较多等，加之在同等功率条件下，调频广播比中波广播的覆盖范围要大，但投资和运行费用远低于中波广播的优点，因此近几年成为很多电台的首选。然而，调频广播同样拥有其自身无法克服的局限性。例如，调频广播的有效传播为直线型、视距传播，且由于波长短、衰减速度快等因素，所以，较适合于一定范围内的传输，对于较大范围的规模性和大量度的传播同样无能为力。

传统电台所长久以来依赖的中波、短波和调频广播的传输形式，虽然各有其利弊和适用范围，但对于大范围的统一规模性传输，显然难以满足需要。而这些，也成为长久以来制约广播节目统一提供和规模性发展的重要技术瓶颈。

（二）内容的跨地域性认可度较低

广播节目不同于平面媒体和电台节目，存在着较为显著的地域人文特征。以我国为例，国土的幅员辽阔和民族人口的多样性导致的各地文化背景，风俗习惯存在着千差万别的差异，加之民族聚居习惯和以往人口流动性较差，绝大多数人定居在固定的范围内，接受着差异不大的教育和一脉相承的人文信息，对于外来事物和信息的接受程度较差。同样的信息和词语，在不同的地区就有可能被理解成不同的版本。例如，东北地区火爆的二人转，由于贴近当地民情和习惯，在东北三省极为火爆，但脱离东北三省之后却遭遇明显的水土不服状况，发展和推广始终呈现不温不火的状态。同样的道理，京津地区盛行的相声，在长江以南地区往往认可度不高。俗话说，文艺来源于生活，不同地区的生活方式存在的差异也导致由此衍生出来的文艺作品带有鲜明的地区性特色。广播内容是以语言为主要载体的传播形式，其内容大多或完全依赖主持人、节目嘉宾的表述，不同区域由于其定位和传输范围和市场局限，往往需要首先巩固自身地域范围内的受众，这就使得节目势必更加贴近当地特色，无形中又人为的放大了这种差异性，这样的特点显然对于广播节目大范围的传输和推广极其不利。

不仅仅在信息层面，由于广播节目是以语言作为传输的唯一渠道，各地方言的存在也使得广播节目在依靠语言传输的过程中容易产生信息的扭曲和语意的误解。这一点也为规模化发展中跨地区性的传输和制作设置了不小的障碍。

第二节 传统广播媒体与新兴媒体的融合

一、广播媒体对新兴媒体技术进行接收和应用，利用新兴媒体为自身的发展提供更加先进的技术支撑

从技术方面来说，广播媒体本身的技术水平相对有限，并且很多技术都相对陈旧，新技术的应用还存在一定的不足和缺失。新兴媒体的融合过程中，传统广播媒体自身的技术可以进一步提高，对于新的数字广播卫星、音频压缩技术、新音频传输技术等可以进行更好地应用，并且很多新的音频检测、录制等设备的应

用也为广播媒体的发展提供了新的技术空间,提高了技术上限。

二、传统广播媒体的传播形式可以通过与新兴媒体的融合实现更进一步的丰富,并且信息发布也可以更好地实现多元化的发展

新兴媒体发展中,信息传播的途径更加丰富,网络是其中的一个重要传播途径和内容,广大受众可以通过网络来接收和获取媒体所传播的信息。传统广播媒体可以通过多个渠道来进行信息的传播,有效地发挥各个渠道的信息传播效能。与此同时,广播媒体也可以通过网络来获取节目的资源和素材。网络时代下,人们可以获取更加丰富的信息资源,传统媒体通过网络也可以提高信息的采集效率,并且通过自身的加工和发布,让自身媒体信息的内容得到了进一步的补充。另外,在新兴媒体融合的过程中,传统广播媒体也突破了传统的单一性,实现了更多的互动,并且解除了传统广播时间方面的限制,用户可以多次、重复并且随时收听广播信息,其传播效率和效果也得到了更好的保证。

三、通过与新兴媒体的融合,传统广播媒体可以更好地实现与听众直接的沟通互动

一些地方传统的广播媒体通过网络平台,引入了丰富多彩的直播、互动及热线节目,丰富了整个广播媒体的表达,很多以前传统广播媒体不敢想象的视觉化表达需求得到了很好的实现。在新时代,新兴媒体本身融合过程中可以更好地让广播媒体的伴随性得到加强,人们在新兴媒体时代中,可以从网络、电脑、电视机、收音机等多种终端设备来接收广播信息,其传播途径得到了进一步的提高,听众和广播媒体之间的距离也进一步拉近,很多互动方面的需求可以得到很好地实现,听众可以在互动中对于自身的意见进行表达,同时媒体也可以通过与观众进行交流,给予观众一

个表达和分享自身观点的机会和平台。相对于传统媒体中的一些初级、单向的交流形式来说，这种新兴媒体的互动更加富有深度和特色性，听众也能更加积极地参与到节目的互动中，这从另一方面也提高了广播媒体对于听众的吸引力，提高了"粉丝"的重视度。

四、内容在新兴媒体融合的过程中得到了进一步的丰富

新兴媒体技术发展应用的过程中，广播媒体自身内容方面也得到了更好地丰富，同时也为提高媒体自身内容质量提供了更加全面的支持。在一些广播节目中，我们经常可以看到微信、微博、QQ等已经成为重要的节目素材来源，并且节目素材的整合也逐渐融入了一些节目具体的编制流程中，整个节目素材的来源途径被进一步的拓宽，内容的及时性和丰富性也得到了进一步的保障。与此同时，新兴媒体的应用，也对于目前传统广播媒体中频率资源紧张问题进行了缓解。广播媒体可以对于一些特定的栏目和内容通过网络来进行传播，组合成听众所感兴趣的不同类型的电台节目，凸显出自身节目的个性化，让小众的收听需求也能得到更好地满足，以丰富、优质的信息内容来满足新时期不断发展和增长的收听需求。

第三节　新兴媒体环境下传统广播媒体的发展机遇及应对

一、数字媒体技术对传统广播传输缺陷的改善

（一）数字传输及接收手段使传统广播内容及编排灵活性提升

提到广播媒体，传输范围甚至是第一考虑的问题，以前无论

是采用何种传输形式，超大范围的覆盖往往难以实现，且无论是根据落地范围的喜好特点另行制作还是统一供稿的形式，都无法很好地解决。前者耗时耗力，无形中增加大量制作成本，而后者往往因为不同制作人员对于方案的理解差异，导致最终成品从风格到内容上存在较大差别，甚至可能出现南辕北辙的现象。

然而，随着新技术的介入，无论是互联网的迅速发展还是个人手持终端的不断普及，使广播节目"中央厨房"的概念和制作方式成为可能：由相关机构将节目分栏目方式制作，而各落地单位根据自身的节目时长及定位风格进行栏目的拼接和组合，采用同样的原始素材呈现各地不同风格和时长的节目形式。这样的特点也使集中制作、分类发放成为很多广播媒体及广播节目供应商所普遍采用的形式。

同样，新兴媒体技术和环境的发展不仅仅为制作发行机构提供一定的便捷和机遇，受众方的选择多样性同样凸显。听众不仅仅可以根据自己的便捷程度和设备选择计算机终端、个人手持终端等不同的媒介形式接收，也同样可以根据自身的收听习惯和喜好选择网络传输下载的不同地区不同风格的广播节目，不再仅仅局限于有限的被动接收范围。

（二）数字化传输手段对传统广播被动接收方式的改善

音频信号是顺时连续传播，不宜选择接收，这是广播节目与生俱来的时序性特质。报纸版面展现在读者面前，一目了然，在一定的时间内可以浏览大略，择要来读；但广播却是按时间顺序播出，受众只能按时间顺序一个一个地听，往往当时想听的内容没有，而不想听的内容却在广播。因此，人们往往形容报纸是个"面"，广播是条"线"，在收音机前，听众会感到受限制，缺乏选择的自由，处于被动地位。但是，广播传播方式的线性特征，如同报纸的平面特征一样，是传媒的传输系统和符号系统共同

"决定"的。很多人会认为线性传播弱点多于长处，但却是这种媒体形式不以人们的意志为转移的特点，而受众纯粹被动地接收方式也在之前被认为是广播节目无可改变的特性。广播节目创立之始，制作方的主导性就几乎被发挥到极致，传统的接收形势下，受众的伴随收听和被动接收的特点往往在无形中被放大，这些特点往往又在另一个层面上客观制约着制作方对于节目选题、内容和表现形式上的尝试。

但在新兴媒体技术和环境之下，电台节目往往更多地呈现为一个个独立的音频文件模式供受众选择收听。受众不仅仅可以根据自己的时间和爱好选择性的收听某一时段甚至某一两句话，甚至能够分多次收听同一节目，这在以往的技术条件下显然无法实现。

（三）数字终端的普及对线性被动接收方式和信息保留性难点的改善

广播传播以电波为载体，电波的速度为每秒 30 万千米，从发送到传播到收听者的时间差几乎为零。广播的这种特性，也使它成为最理想的新闻传播工具。在广播开创之后，随着第二次世界大战的发生，人们急于获知战争情况的情况下，广播的快捷特点显然更好地满足了人们先知先觉的需求。而广播新闻也在期间和之后的数十年里得到了人们空前的重视。

但声音不是实体，而是由电波携带的声音，虽然可以飞越高山大海，把信息送到受众的耳际，正因为非实体传播，广播才能不受空间和其他传递条件的限制，高速度、远距离地传播信息，为传受双方提供了很大的方便。但它同时也带来了这样那样的遗憾，例如，只能即时收听、不能倒检索、不利于再传播等。

文字提供的信息，如果当时没有看清楚、没看懂、记不住，可以停下来反复读、细琢磨，也可以留下来作资料，有时间随时可以再看。但广播却是一播而过，如果当时没能听清、听懂，没理解记住，也只好作罢。遇到人名、地名或其他专用名词不易听懂，遇到同音或谐音字又易误解和听错，这些成为广播自身传播特点中难以逾越的障碍。因此，一提到广播节目，定时收听也往往成为很多人的第一感觉。

显然，这样的瓶颈在新兴媒体环境下同样得到极大的改善。无论是采用计算机终端接收方式还是个人手持终端的接收形式，在互联网背景下，不仅随时随地的收听成为可能，反复收听也不再仅仅依赖发送端的重复播送，终端接收下载的广播节目同样可以以音频文件的形式被保存下来，随时提供交流或者被翻检出来反复收听。与地域性的改善相辅相成，广播节目也在这样的媒体大背景下，跨越性地实现了从被动的定时定点的接收形式到随时随地不受制约的接收形式的转变。

二、社会传播环境改变带来的发展机遇

（一）车辆保有率的上升及平均通勤时间的增加客观导致广播受众群体增长

汽车是广播媒体最好的朋友，无论过往还是现在，从车载广播到 Podcast（播客），受制于环境和安全性的需求，人们无法在驾车时选择其他的信息接收形式，因此音频媒体几乎占据垄断性的地位。而随着世界工业化进程和整体生活水平的不断提升，汽车占有率也在稳步发展。以我国为例，北京地区 2013 年汽车保有量约 520 万辆，相比 2012 年增长 22.5 万辆，成都约 240 万辆，有车一族正呈现"井喷式"增长。在此过程中，巨大的保有量和每年不断的递增数目，也让广播媒体看到了在第一个发展黄金时期之后最好的市场前景和潜在听众群。同样的，由于城市化进程的不断加剧，各种大型、超大型城市不断出现，加之汽车保有量的

不断提升，城市居民日常城市通勤所消耗的时间也呈逐年上升状态，人们消耗在车内和路上的时间越来越多，这些客观的收听环境和受众环境都在向着有利于广播媒体发展的方向转化。

（二）受众碎片化信息接收方式的盛行适合广播伴随性和非独占性传播特点

随着社会生活节奏的日趋加快，人们系统性、长时间连续接收信息的方式受到各种各样的限制和影响，接收方式更多的也从传统的线性变成碎片化、相对独立的个体时间。很多人通过快餐性质的媒体理解时事，在日常生活的间隙时间里获取所需要的信息，这样的信息猎取习惯在长久以来带来的直观的后果是，纸质媒体的市场日益狭小，同时一个文件如果超过一定的页数大多数人将没有耐心看完。

受众要求的转变为媒体的发展方向提出了新的挑战，难以满足新兴媒体环境要求的纸媒显然已经走向衰亡，而其他媒体为了顺应这样的环境改变，也在努力改变自身的定位和信息处理方式，网站和自媒体成为异军突起的代表。然而，传统媒体在面对这样的环境时并不是一味地处于被动地位，恰恰相反，电波媒体由于其自身的传播特点和媒体属性，反而可能在新的环境中得到更多的关注和发展。

虽然作为传统媒体"三强"，但与其他两个媒体形式不同，电台媒体从诞生的那一刻起就被贴上了"伴随收听"的标签，这样的特性在以往或许难以形成更多的关注。但随着新环境下人们对于信息获取时间的压缩，以及接收形式从主动到倾向于被动的转换，电波媒体可以边接收边处理其他事情的优势被无限放大，伴随性接收成为更科学和便捷的信息接收方式。同时，由于电台节目相比于其他媒体滚动播出和重播编排更加简便，节目版块穿插灵活的特性，也更加契合受众碎片化的信息接收需求。

（三）广播节目非独占性"伴随收听"传播特点在数字依赖背景下的媒体黏性优势

所谓媒体黏性，通俗来说就是受众对于某种媒体形式的依附程度和使用频率。广播媒体最显著的伴随收听的特征能够在接收信息的同时不影响其他正在从事的活动，虽然很多时候仅仅是作为伴随形式出现。因此，广播依然拥有忠实的受众群体，其中不断增长的汽车使用者成为最主流的增长形式。

（四）产业化发展及对广播广告价值的认同导致广播媒体关注度提升

广播的广告效应在很长时间内被忽视，由于以往受众局限性、群体素质及年龄方面并不占据优势，广播收益在很大程度上处于粗放型发展中，投放少、层次低、收益率差等因素客观上也影响了广播媒体和节目的发展。但是随着广播自身定位的清晰，非独占性、伴随性、贴近性和隐匿性特征逐渐成为广播媒介独有的构成，广播的广告效应和产业价值也开始逐渐被更多的人所认识。成本低，针对性强，暴露频次高，在行为环节上作用明显。同样，由于广播节目相对更精准的受众接收和定位，使得它能够更轻易地锁定小范围内具有共同特征的目标群，而广播行业广告目前相比较为低廉的价格，则使得多次播出和长期投入及高频次的露出成为可能，这样的"轮番轰炸"的模式也在一定程度上弥补了广播关注度低的缺点。

随着广播经营的增长和受众群体构成的变化，第三方数据服务商也开始给予广播媒体更多的关注。央视索福瑞、央视市场公司、AC尼尔森公司等著名数据服务商都开始进入广播收听率调查市场。其中，市场对于广播的重视起到明显的推动作用。而随着这些业界专业公司的介入，广播领域发展和变革也变得更有依据性和价值依据。

（五）社会一体化进程使地域文化差异缩减带来广播内容接受度的提升

提到广播节目，还有一个之前制约其发展的明显劣势是内容的地域性特点过强。北方受众喜闻乐见的谈话类节目往往在南方地区会遭遇"水土不服"的情况，而南方受众所关注的信息点和喜好的节目类型在北方地区同样难以施展。随着社会一体化进程的发展和现今社会流动性的明显增强，地域文化的包容性也在逐步提升，这种接受度的提升也使得节目内容和风格的统一供给成为一种可能。这样的转变，不仅仅为传统电波媒体提供了更好地前景，同样也为其他媒体形式带来了很大的制作和收视收听率上的转变。

第四节 新兴媒体环境下传统广播媒体的转型

一、新兴媒体广播转型发展布局

（一）强化广播在舆论引领中的独特功能

广播媒体发挥着引领舆论的重要作用。在自然灾害导致其他媒体无法将信息正常送达的情况下，广播电台以及时、高效、充分互动的信息传播，与高效的社会动员、社会服务担负起了抗灾、救灾的新闻报道，乃至救援、协调和组织功能，成为政府面向灾区群众，进行救灾的指挥调度平台和广大群众获知信息的重要渠道。

从信息传播过程看，广播的系统设备是低成本、便携化的大众传播设备；从信息接收者的角度出发，伴随技术进步，广播终端作为附件,集成到智能手机等设备中,便携带性最强。广播成为国家应急系统的一部分,在突发事件等方面,发挥更为重要的作用。因此,在媒介融合背景下,未来新的舆论传媒格局中,广播通过构建传播覆盖新体系,提升整体传播力,扩大广播传媒的舆论影响力。

(二) 推进类型化广播向深层发展

媒介融合趋势进一步加速了分众传播模式的形成,社会结构的"碎片化"使得大众传播逐渐向分众传播转变。

类型化广播的业态特点和运营方式,与现代社会分众化传播趋势是一致的。类型化广播按照类型受众需求、收听时间、接收方式,进行格式化节目编排,实现多频率的交叉覆盖。因此,类型化广播进一步将广播专业化、市场化进程推向更深层次。对广播而言,未来实施类型化战略的核心就是要进一步对市场进行精细划分,在细分目标受众的过程中,创新节目理念、节目样态,从而开拓市场新的盈利点。

(三) 实施广播整体产业化发展新战略

一直以来,与其他传统媒体一样,广播按照"事业单位、企业化经营"的模式来运营。多媒体新技术的迅速发展,信息的传递和交流的自由度大为扩展,传统传媒的渠道垄断,已经被打破。为了适应信息化和全球化条件下舆论传播的新特点、新要求,传统的广播媒体必须吸聚更多的产业要素。

1. 推进制播分离,成为多媒体内容供应商

广播媒体生产过程属于"自产自销",制作的节目在频率播出后就算完成了。但在媒介融合趋势下,传播方式裂变式发展,使得各种传播渠道对优质内容资源的需求陡增。2004年,国家广电总局明确提出了广播电视媒体制播分离改革思路。2008年,制播

分离改革在文化产业发展的大背景下继续推进,电台逐步进行试点的制播分离改革时期。因此,广播应当发挥自身优势,尤其是内容上的特有优势,以市场的需求为导向,策划、开发、制作内容产品,并在此基础上形成一个有自身知识产权的内容产业链。通过节目市场交易、网络下载、移动收听等多种渠道获得增值收益。

2. 创新经营领域、构建多元产业发展平台

目前,整个广播经营体系主要是靠广告支撑,还未形成复合型的产业链,而随着竞争的加剧,广告市场增长空间将会越来越狭小,广播必须打造新型产业链。事实上,作为文化产业,广播的频率资源、公信力资源、节目资源、人才资源、技术网络资源都可以转化为产业资源。广播还可以凭借其品牌影响力主办各类活动,通过"活动营销"获得附加值。

3. 健全激励机制,培育适应产业需求的新型人才队伍

媒介融合下广播对人才的需求,并不是指单纯掌握新兴媒体技术的人,而是指在掌握信息技术的基础上,具有一定内容创造能力,能在先进的技术平台上适应广播多媒体生产方式的人才。同时,还需要熟悉新广播内容经营、渠道开拓、终端推广、资本运作的人才。而媒介融合下广播衍生的新兴媒体、新业务的发展,主要依靠培育市场主体,形成投资多元化,组建法人企业。因此,应根据媒介融合下广播发展的特性、从业者的素质特点,确定有效的、适应广播产业发展的人力资源管理模式。

4. 综合运用媒介融合新技术,实施节目内容整合传播

媒介融合的基础是科技进步提供的物质技术可能。随着科技进步,传统媒介的界限渐渐模糊,新兴媒体形式层出不穷,媒介终端可实现功能日渐强大。看到媒介融合新商机的传统媒体,纷纷"跑马圈地",但目前真正盈利者并不多见。传统媒体应当善于应用新技术的媒体。至今为止,许多广播都利用互联网技术设立

了网站，但多数网站只局限于在线直播和点播，如果能结合节目特点增加视频访谈、互动等内容，这无疑会扩大节目的影响力及传播范围，同时也可以利用传统广播频率与网络开展整合营销，给广告客户提供增值回报。

二、媒介融合转型策略

（一）核心竞争力的打造

新兴媒体有传输技术上的优势。新兴媒体是利用传统媒体在不同传输介质上进行的一种延伸，传统媒体的生存需要运用新兴媒体作为载体，而新兴媒体新颖的形态和服务功能，更加需要传统媒体丰富、精彩的内容来支撑和充实。无论是"内容为王"，还是"渠道为王"，或者是"平台为王"，竞争到一定阶段后，最后决定胜负的还是内容。所以，"内容为王"应该是广播永远不变的追求。

广播想争得受众的资源，就必须做好的节目、做精品的节目，走内容取胜的道路。广播可以把节目内容在不同的渠道播放，使原有的有限的内容成本由此获得更大的效益。因为，在内容制作方面，传统媒体比许多新兴媒体公司有着较高的内容制作水平和制作力量，尤其像广播这样拥有优秀节目内容的传统媒体，是新兴媒体平台最好的支撑。根据受众的特点，特别是移动受众的思维和行动的特点，制作一些满足受众需求又符合广播的传播特点的节目，才能被新兴媒体所选择、利用。例如，根据多媒体广播的要求，制作节目的时候，要抓住新型广播的特点，制作一些获得大量信息且快捷的新闻节目，像浙江交通之声推出的手机广播"两会"特别报道的节目，节目中直接和委员、代表近距离接触，时刻链接"两会"信息的节目，同时又可以融入自己的见解，这样的节目就非常受欢迎。还有，浙江交通之声的《一诺千金》节目，与听众微信互动，吸引听众的注意力的同时，增加观众的黏度与忠诚度。

未来广播在新兴媒体背景下的融合发展，建立在为受众创造更多参与机会的基础上，确保互动、点击、下载和收听率。因此，对于广播而言，只有遵循内容至上的原则，才能把节目做好、做精，才能在目前媒体出现相对过剩但内容稀缺的现状下保持胜利。其实，新兴媒体只是一个传播平台，节目内容才是广播发展的关键。所以，广播媒体在转型的过程中必须坚持内容为主，打造精品节目，才是广播立身的关键。

（二）拓宽广播传播渠道

美国传播学者沃纳·赛佛林和小詹姆斯·坦卡德在合著的《传播理论：起源、方法与应用》一文中说到：新兴媒体的产生，在传播技术的发展中，并没有将旧媒体消灭。新旧两种传播技术承担自己的角色，它们共同存在，互相影响。网络的传播优势，使得广播与其联姻，开拓人性化的传播方式、更广阔的传播前景。

广播是通过无线电波发送的方式传播，发射波段、发射功率，直接影响其覆盖范围。在移动互联时代，广播的传播渠道发生了很大的变化，无线电传播的过耳即逝的模式，已不能很好地描述当下的广播了。广播把触角伸向了新兴媒体，正全方位打造网络广播平台，从最初的开设广播网站，到网络电台，再到推出微电台、电台 APP、微信电台等，广播把新兴媒体的移动化、社交化和微型化的特点收为己用，解决了传统广播形式在地域与时间上的局限，拓展了广播的生存空间。

除了电台官网的 APP，蜻蜓 FM、优听等转载了全球 3000 多个电台频道，还可深度制定广播收听计划，与电台 DJ 进行互动。微信电台比 APP 更方便，无须下载，流量耗费少，如进入浙江交通之声微信公众号后，听众就能在线收听该频道的实时节目，并与主持人互动。广播利用新兴媒体渠道传播特点有以下几方面。

1. 广告投放的精准性

接触到的无关广告属于噪声，受众不胜其扰，广告效果不但达不到，甚至适得其反。因此，应精准投放，用低花费带来传播的实效，让广告投资回报率最大化。

2. 广播创意和形式的个性化

新的传播方式，使每一个人成为信息的发布者，个性表达自己的观点，传播自己关注的信息。个性化的传播方式，因为个人隐私泛滥、内容参差不齐的弊端，为管理带来困难，这为受众的信息选择能力提出了更高的要求。

3. 新兴媒体具有交互特性

曾经"点对面"的传播模式，因新兴媒体手段转变为"点对点"的传播。受众再也不只是被动接收，他们可以更加积极、更加主动地表达自己的观点，每个人都是信息的传播者，又都是信息的受众。而交互的另一层含义，可以被看作各类媒体的联动。媒体间的合作能够更好地推动产品的销售，在拉动销售方面，各媒体显示了强大的互补作用。

4. 对受众进行细分化

将全体受众根据特征制定分区，分成子组群，有区别地传递不同信息。对受众恰当的细分带来了精确和更高效的传播，这有别于传统媒体时代的大众传播。

互联网、移动互联网大大拓宽了广播的传播渠道，而广播传播渠道的多样性，不仅提升了广播的伴随性、渗透性和影响力，还实现了广播从单向传播向双向互动传播转变。而对于传统的广播媒体而言，如何适应这种传播渠道的变化，发扬声音媒体和伴随性媒体的优势，强化在移动互联网络终端的影响力，进一步提升广播的影响力和渗透力，是传统广播与新兴媒体融合过程中亟待解决的问题。

（三）转变和创新广播盈利模式

广播广告经营模式有3个层次：第一个层次是卖时间、卖资源，如做品牌广告；第二个层次是卖受众，典型表现是卖调查数据，如收听率、千人成本等各种数据；第三个层次是卖解决方案。移动互联时代广播广告的盈利模式，必须从品牌广告广播的模式中解放出来，创新盈利模式。

基于广播的低成本制作、快速发播、纯音频媒体、投放成本低等特点，广播的盈利模式在与移动互联网的结合上做了有效的探索，具体的做法有碎片化营销、甲方数据营销、电台关键词广告、声音二维码投放方式等。目前，中央人民广播电台在和百度合作，做广播广告的百度关键词搜索，听众通过电台收听到关键词后，利用手机进行关键词搜索。广播广告的关键词搜索，实现了既精准又具规模的广告效果。广播与二维码的结合还在探索中，在节目中植入压缩的音频广告，利用手机终端识别并接收。例如，当你走到麦当劳500米以内时，就会提示你收到麦当劳优惠券的信息，这样基于位置服务的广播与二维码结合将会使电台变成全国最大、最强有力、最快速的小广告大众平台。

移动互联网时代，随着技术的不断成熟，为广播的盈利模式注入新的活力。但就目前而言，我国广播界对于移动互联时代广播媒体，新的盈利模式的探索严重滞后，大多数广播电台还未与移动互联技术盈利模式结合，甚至还未有太多的实践和实质性的运作。传统的增长模式受制，而新的增长点苦寻未果，导致广播广告在连续10年高增长之后，出现了增长乏力的态势，在新兴媒体竞争环境下，迅速实现经营模式的转型已经迫在眉睫。

（四）落实健全知识产权保障

移动互联时代，是一个创造和分享大繁荣的时代，广播网站、

传统媒体与新兴媒体的转型与发展

网络电台、电台APP、微电台等新兴媒体爆发出巨大的音频传播力量。无数用户获益于高效、便捷的音频节目的生产与传播。但若原创广播节目屡屡被侵权，原创节目的作者、电台的权益无法得到保障，而导致积极性被挫伤，那么优秀广播节目的生产将受到影响。可见，网络转播广播音频、重播、交互式广播、向公众传播广播节目等问题，对广播音频的知识产权保护提出了新的挑战。

电视的版权问题已经得到重视，《鲁豫有约》在凤凰卫视以"制播分离"的形式诞生，节目由鲁豫工作室制作完成，首播权及版权归属凤凰卫视，可以出售给安徽卫视等频道。电视节目由于在不同的频道、平台播出，而产生了版权问题，广播也面临同样的问题。在线收听及网络电台，方便听众收听往期电台节目，但如何维护著作权，如何维护广播组织的利益？传统电台机构是专业生产内容，而现在很多网络电台，可以用户生成内容，这些音频可以随意复制、编辑、非法传播，音频作品侵权在信息安全社会成为易事，数字音频水印应运而生，但是这并不是解决版权问题的根本措施，制定和完善相关的法律法规并严格执行，才能真正保护音频所有者或组织者的利益。

第六章 传统报纸媒体的新兴媒体转型与发展

第一节 传统报纸媒体的现状

一、传统报业发展现状及困境

（一）传统报纸经营模式受到严重冲击

1. 新闻采集发行成本过高

在互联网兴起前，传统报纸在新闻报道上处于垄断地位，其新闻一般通过记者新闻采集后，经编辑排版制作最终形成纸质报刊，整个过程成本耗费巨大。而互联网兴起后推翻了这种模式，众多网民既是读者也可以是新闻的收集者，大大拓宽了新闻的收集来源与范围，有效填补传统新闻报道涵盖面不足的缺陷。另外，互联网的新闻传播是靠电子数据，有效简化了纸质报纸的发行过程，大大节约了成本。

2. 新闻时效性相对滞后

新闻信息具有很强时效性，传统报纸由于传输渠道单一、传播速度相对滞后的缺点，使其与互联网相比不具任何优势。网络的出现有效突破了新闻信息传播的时空界限，时效性极强。刚发生的热点事件，有可能几分钟后就已在网络上广泛传播，这种时效性是传统报纸难以企及的。

3. 读者数量严重下滑

网络的快速发展和普及，使传统报纸的读者数量不断下降。据权威统计，2013年我国的互联网用户已达6亿，是网络改变了读者的阅读习惯，很多读者越加喜欢网络阅读模式。纸质报纸已不再是唯一选择，这使网络成为传统报纸的有力替代者。

（二）传统报纸体制上存在严重弊端

1. 机构过于臃肿

目前，我国大部分传统报业都是政府管理下的事业单位，机构人员组成上只有进，没有出，做不到新兴媒体人员竞争上岗、能上能下的现代企业管理模式。人员组成还存在年龄偏大、数量庞大、效率低下等问题，造成报纸缺乏竞争活力与创新动力。

2. 经营手段单一

传统报业收入来源单一，过分依赖政府补贴和广告收入。传统报纸为了追求经济效益，不断扩大规模和数量，甚至低成本价发行，只为抢占市场期待高额广告回报，最终造成发行量越大，亏损越大，盈利模式面临严峻考验。此外，由于传统报纸缺乏创新性，随着新兴媒体快速崛起和其具有的巨大优势吸引了很多报纸的广告客户，导致报纸收入越来越低，影响报纸企业的进一步发展。

3. 内容设置不合理

传统报纸受到商业利益驱动，经营模式受很大制约。很多报纸为吸引不同读者，设置各类信息版面偏多，且报纸的信息内容大同小异，致使不同报纸新闻同质化过高；有些报纸为迎合市场需求，只重视新闻的趣味性而不是重要性和真实性，煽情新闻、花边新闻泛滥；还有一些报纸广告经营活动开展过多，缺乏新意，甚至一些发布的广告内容缺少诚信，严重导致了公信力的丧失，造成读者大量流失。

二、传统报纸未来的发展趋势

(一) 提高核心竞争力，塑造品牌形象

传统报纸想要生存和发展，需不断提高公信力、信息实用性和可读性等核心竞争力，在公众中树立良好的品牌形象。

1. 建立现代化管理机构

机构设置和组成人员精干，建立能上能下、能进能出、优胜劣汰的现代管理制度，同时配以先进的经营理念和良好的服务体系，能够有效提高工作效率和竞争意识。

2. 塑造良好的品牌特色

对报纸企业来讲，既要有读者喜闻乐见的新闻产品，还要有良好的服务意识和服务水平。报纸品牌的集聚效应能维持和培养读者的忠诚度，拥有数量庞大、相对稳定和忠实的读者是对报纸品牌最大的认可。当报纸企业形成了自己鲜明的特色，并以优质的新闻和良好的服务理念面对读者时，自然而然就在读者群中形成了良好的公信力。久而久之，树立起主流品牌形象，影响力也不断扩大，具备了一流的核心竞争力。

(二) 树立行业规范，提倡有序竞争

从我国报业体系发展来看，我国报纸企业现与国外同行相比还存在明显差距，特别是在市场规范和市场竞争上相距甚远。目前，国内很多报纸之间在发行和广告经营方面进行着无比混乱的恶性竞争，严重损害了报业的整体形象和行业公信力，制约了整个体系的有序发展。所以，应在报纸行业体系中建立起一套科学合理的准入标准和竞争规范，充分发挥政府和协会的主导和监管作用，维护好报业市场的竞争秩序。当一些报纸企业出现明显违背市场竞争规则时，政府与行业协会要出面干涉和处理，强制其

退出行业市场,从而使所有报纸企业都能够在同一个水平线上进行公平、有序竞争。

(三) 促进新旧媒体融合,迎接数字化时代

随着科技不断发展,数字化已成媒体发展的必然趋势。传统报纸应紧贴时代潮流不断发展,让纸质报纸和网络报纸成为报纸发展的不同形态,充分把握新闻信息的源头地位,积极采用数字化技术构建一个网络化、数字化的信息体系,配合纸质报纸形成多种媒介形态报纸的开发和传播。报纸企业通过传统及有线、无线网络"全天候""多平台"地向广大读者、网民和手机用户传播信息,实现纸质报纸、网络报纸的完美融合,不断提高报纸的时效性和互动性。同时,在满足读者个性化需求的基础上,为广告客户制定灵活的增值服务,有效填补市场空白。

第二节 新兴媒体时代报纸媒体的现状及发展趋势

一、新兴媒体时代报纸媒体的现状

(一) 报纸发行量降低

在我国,报纸发行数量逐年递减已经成为一个不争的事实,报纸自身承载信息数量较少、更新速度较慢、对于热点问题不能够及时发布、互动性弱等,这都是报纸发行数量下降的主要因素。来自世界媒体趋势的报告,统计了超过70个国家的报纸发行量和广告收入。这70多个国家的每日报纸发行量,已经从2008年的5.37亿份,下滑至2012年的5.3亿份,美国的每日发行量下滑了15%,广告下滑了42%,欧洲各国发行量和广告收入均下滑了

25%。纸质报纸发行量持续减少，电子媒体的重要性进一步显现。新兴媒体的不断冲击，使报纸行业的发展受到了束缚，导致报纸媒体发展道路越来越窄，使报纸发行数量下降，导致了报纸销售与发行的恶性循环产生。传统报纸依靠广告的利润来补贴发行的亏损，广告额的下降直接影响了报纸的发行量。2011年，中国传统媒体广告市场增长12.9%，报纸广告增长11.2%。相比2010年，传统媒体广告市场增长基本持平，而报纸广告增长率却下降了7.7个百分点。报纸的前景使我们充满忧虑，如何应对困境是不得不面对的议题。

（二）报纸的读者年龄结构逐渐趋于老龄化

在我国，人口老龄化问题已经是比较突出的重点问题，而随着社会的发展与进步，更多的年轻人趋向于通过互联网来认识社会。据上海交通大学的调查，在该校学生中，75%的大学生选择通过互联网作为主要的渠道获取信息。由于环境因素所限，传统的报纸杂志是老年朋友们认识社会的主要方法和手段。据第五届中国报刊广告大会发布的CTR研究数据表明，2010—2011年报纸读者流失了近350万，报纸70%的读者的年龄已高于35岁，越来越多的年轻读者渐渐远离了报纸，尤其是80后几乎很少看报纸。报纸的读者年龄结构呈现老龄化趋势是一个比较棘手的问题，报纸读者的消费力不足，将在一定程度上影响报纸的可持续发展。

（三）报纸的广告额减少

广告是媒体传播的主要内容之一，也是媒体能够成长运营的保障性因素。国内报纸的市场化改革，使得报纸脱离了体制的依托，报纸单一地依靠广告收入弥补发行上的亏损。然而，由于报纸自身的局限性使大量读者逐渐流失，越来越多的广告主减少了对传统报纸的广告，增加对互联网等新兴媒体的投放。根据研究表明，2012年，中国报刊营收1015.28亿元，同比下降2.86%。房地产、机动车行业是报刊最大的广告主，其投放额也相对减少，呈负增长趋势。普华永道的报告指出，全球报业市场预计将以2%的速度下降，到2013年，广告收入则以4.5%的速度下降，经济衰退也加剧了读者和广告主的迁移。随着互联网的广泛运用，广告主更加愿意将广告费用投放在新兴媒体上，网络广告的效果更好。中国互联网络信息中心（CNNIC）发布报告称，截至2011年12月底，中国网民规模已突破5亿，手机网民规模增长至3.56亿。艾瑞发布的2011年度中国互联网广告核心数据，2011年中国网络广告市场规模达到511.9亿元，较2010年增长57.3%，超越报纸广告58.3亿元。预计2013年互联网广告将达到千亿的规模。互联网呈现了惊人的成绩，现在有更多的企业愿意将广告投放在手机、楼宇、卖场液晶电视、车载电视等新型的媒体之上。此外，手机媒体也有了一定的发展，手机广告的增速超过市场整体增速，正逐渐成为广告主关注和利用的信息传播载体，具有很大的成长空间。报纸的广告份额逐渐地减少，使得发行机构缺少更多的资金进行运转，报纸竞争实力下降，使得报纸媒体在与新兴媒体的较量中取得不利地位。然而报纸发行量的下降，广告商向报纸投放的广告数量和版面又会同步减少，这只能造成恶性循环，使报纸自身的发展道路越加艰辛。

（四）报纸媒体公信力下降

对于报纸媒体来说，自身的公信力逐渐下降是一个残酷的事实。2003年春天"非典"前期，中国报纸的"集体失语"使相当多的民众从对报纸的信任转向愤怒。由此开始，越来越多的民众质疑报纸媒体的公信力。在新闻竞争日益激烈的今天，"假新闻"现象的常常出现、记者在采访过程中收受"红包"等，使媒体的公信力受到来自各方面的挑战。报纸不能快速、及时地解决群众关注的热点问题，群众的呼声得不到相应的回应，这一定程度上影响我国报纸媒体发展。受众在互联网或手机的阅读过程中可以随时发表自己的看法，相关部门发布的讯息可以得到读者的回应，而纸质报纸在这一点上只能望其项背。信息通过报纸单向传播给读者，却鲜有得到及时地反馈。群众关心的问题不能得到及时地解决，读者自身的热情逐渐地降低，也使得报纸的影响力下降。伴随着微博的应用，新闻的透明度增加，网民的参与性提升，如果不能将读者的问题及时反馈和解决，那么这样的媒介传播手段固然变得落后，与此同时报纸的影响力也逐渐地受到人们的轻视。

二、新兴媒体时代报纸媒体的发展趋势

（一）目前报纸触网的情况

在报纸与新兴媒体融合的过程中，报纸想赢得读者和网民的青睐，必须积极应对互联网的冲击，不断地以新的方式接纳新兴媒体，主动拓展网络内容。其中报纸触网为主要的表现形式。

国内目前有2000余家报纸，依据2009年12月中国传媒大学的抽样调查报告，有近53.4%的报纸拥有独立经营的网站，其余的报纸大多依附于其他网站。例如，挂靠所属报业集团的网站，有72.6%的报纸网站允许网友在其页面上发表评论。由此可见，国内大部分报纸已触网，报纸网站也注重网友信息的反馈。有新闻排行的网站占65.5%，有评论排行的网站占20%，能够及时掌握读者对信息的阅读情况。在报纸网站中，具有视频、音频新闻内容的占总数的65.8%和15.1%，有97.3%的报纸网站提供PDF版的报纸，93.2%的报纸网站可以提供站内搜索功能，提供便民服务的报纸网站达到86.3%，87.7%的报纸网站允许用户制作内容。这一系列数据都表现出报纸网站不仅仅单纯地对纸质版内容的复制，而是积极拓展了及时新鲜的多媒体内容。另外，在手机

媒体应用订阅方面，日报和都市报占主要份额。总体来说，报纸对新兴媒体的应用日趋重视，内容日渐丰富，互动参与性增强，报纸网站有向新闻网站和综合类网站发展的趋势。

(二) 国内报刊在新兴媒体冲击下的发展个案

报纸作为较古老的大众传播媒体，应对了来自广播、电视、互联网的挑战依然没有消亡，自身必然有一定的优越性。首先，报纸具有大量专业的采编人员，新闻的真实性和原创性是新兴媒体不可比拟的；其次，政府对报纸的重视程度远远高于新兴媒体，报纸拥有的"采写权"一定程度上限制了新兴媒体的发展；最后，不同于新兴媒体起步晚、资金短缺，报纸已经积累了一定的人脉和资金，这是向新兴媒体拓展的有利条件。综合以上所述报纸发展的有利条件，国内一些报业集团立新改革应对新兴媒体的冲击，积极探索网络媒体的发展规律，目前的发展状况较为可观。

1. 《广州日报》

《广州日报》是全国发行量较大的报纸，1996年1月15日，广州日报报业集团作为国内首家报业集团正式组建成立。目前，集团旗下共拥有主报《广州日报》，还有《足球》《广州英文早报》《岭南少年报》《老人报》等15份系列报纸和《新现代画报》《南风窗》《看世界》《大东方》《共鸣》5份杂志，以及大洋网和VRHR求职广场网。另外，集团还拥有广州传媒控股有限公司、广州市报刊发行公司等一系列经济实体。自1994年以来，《广州日报》连续19年获得中国平面媒体广告收入第一名。2000年，广州日报报业集团粤传媒开创全国上市先河，粤传媒依托报业集团雄厚的实力和优势，经营广告代理和制作、印刷、发行、书刊批发零售等服务。《广州日报》作为党报，在始终坚持正确舆论导向性的同时，以多样化的形式宣传党的路线、方针、政策，报道国内外重大事件，并紧跟时代步调，不断向新兴媒体拓展。其报业集团经营的大洋网,是国内最早在互联网提供新闻资讯的三家媒体之一,1999年12月综合性门户网站大洋网(www.dayoo.com)正式上线。2005年,推出《广州日报》《信息时报》手机报纸,发展至今用户达40万,其中收费用户有12万。2012年,以《广州日报》创立60周年为契机,提出"领风潮、创时代"的企业品牌价值,树立了从"平面"媒体向"屏面"媒体的升级战略,以"优媒体、全渠道"的品牌定位,实现集团的品牌价值。《广州日报》在报网融合的过程中,依托品牌内容创造力和多年积累的线下发行、物流、经营等资源,集合网络、手机等多媒体的特性,树立了不同优势、优势互补的指导思想。在国内率先成立滚动新闻部,它是由广州日报社的采编部和大洋网共同运作,先后开设了报网直播室、即时新闻、无线平台互动等互动栏目,拉近了与读者的距离,也提升了报纸的影响力。此外,为了实现新兴媒体与报纸的互动,颁布了采编人员新兴媒体发稿激励机制、新兴媒体协调主任机制等机制上的保障和奖励。

2.《潇湘晨报》

《潇湘晨报》创刊于2001年,是目前湖南省发行量最大的综合类都市报。潇湘晨报系旗下目前已拥有包括《潇湘晨报》《长株潭报》《快乐老人报》《晨报周刊》《网球》、红网、红网传媒、潇湘晨报手机网、客户端等3报、15刊、10网、1框架、4手机报、3数字报、3交互产品、8移动客户端产品、8官方微博微信群在内的传媒产品序列。自2001年创刊以来,根据市场环境的变化、竞争格局的要求、自身的发展情况等不断进行品牌战略升级。主要表现为以下几方面。第一,积极主动应对新兴媒体的挑战。2006年,晨报与红网实现战略整合,并联合湖南移动共同推出《湖南手机报》。随后,晨报联合红网、湖南政务和地方公共服务信息亭管理办公室共同创立红网传媒,作为全国首家为公众提供新闻和咨询的楼宇媒体,为广大受众提供新兴媒体的分众式互动体验。2009年，新浪微博刚运营不久，晨报立即开通官方微博，为网民提供交流互动的信息平台，到2013年6月已拥有193万的粉丝数量。2010年，随着苹果产品的普及，晨报在App Store里上架了iPad的应用程序。在高新技术日新月异的发展下，潇湘晨报采取积极主动的态势来应对新兴媒体的冲击，利用新兴媒体的特性，拓展自身在新兴媒体市场的实力。第二，通过一系列线下会展活动巩固政府、读者、商家间的关系。如长沙房地产交易展示会、长沙国际车展、岁华纪丽音乐会、潇湘助学爱心行动、潇湘晨报读者节等大型活动。通过对这些大型会展活动，密切了与广告主的关系，彰显了晨报品牌强大的影响力。第三，在报纸经营管理方面，实行多元化的经营发展构想。2007年，晨报将单一的产品结构拓展到期刊、网络。相继成立了杂志社、传媒投资公司、广告有限公司、文化传播公司、地产顾问代理有限公司等，利用报业资源开发相关的媒介产品。

报纸传媒正不可避免地面临着困境，在中国报纸传媒的发展过程中，也还有许多报纸正在积极应对新兴媒体的冲击，结合自身优势资源，规避不利因素不断发展，紧跟时代发展的步伐。在中国报业不景气的情况下，实现报纸发行量和广告利润的双赢。

第三节 传统报纸媒体与新兴媒体的融合

一、新兴媒体环境对传统报纸媒体的冲击

（一）信息速度冲击

新兴媒体主要指代网络媒体，其信息传播快速，可以在新闻事件发生的第一时间将信息传播出去，而后得到众多人群的收看、转发与评论，具有信息生成快、传播速度快的特点。与以往报纸

媒体，需要等待一天信息采集、整理与发布的效率相比，网络平台的新闻编辑相对更为快速。同时，网络媒体受众群体广，获得信息的速度相对更快，因而也导致了其信息发布效率高。在新兴媒体时代，信息快速成了人们热衷于关注的重要原因。

（二）信息内容与形式不受拘束

在传统报纸媒体中，信息的阅览主要是采用平面信息展示方式，以图片与文字为主，缺乏生动形象的视频动态信息，同时需要定时购买，阅读不方便。新兴媒体下，手机客户端或者电脑客户端的信息阅读更加便捷化，特别是随着智能手机普及，人们可以随时通过手机阅览相关的文字、图片和视频信息。同时，还可以参与互动评论，客户会在评论中发表个人意见，或者从中找到自身的存在感。这种评论也在一定程度上便于媒体对受众的了解，从而针对受众情况，对信息内容进行选择与整理，使其内容与形式更为丰富。而传统媒体主要是单项传播，没有互动性，媒体听不到受众的心声，不了解受众，话语权全部掌握在媒体手里，用户无法分享话语权。同时，新兴媒体可以通过大数据整理来分析受众情况，有效地为媒体自身发展指明方向，保证媒体发展的参考依据具有科学性。新兴媒体的信息特点还在于共享性，可以进行信息的转发分享，建立受众群体自身的信息圈与讨论环境。因此，从内容与形式特点上，新兴媒体具有便捷性、丰富多样性、互动性、共享性、大数据分析性等特点。

（三）迎合受众

网络媒体在信息筛选上主要表现出迎合受众口味的趋势，无论是"标题党"还是具有较强冲击性的内容，都导致了网络信息传播的广泛性与迅速性。而传统纸媒由于受到专业媒体思维与规范的引导，在新闻报道上更加趋于严谨与朴实，从而无法达到较好的吸睛效果，在留住一批高素养读者的同时，也丢失了一大批读者市场。新兴媒体积极地分析受众，从受众需求的角度做新闻报道的迎合。特别是许多自媒体，在一定程度上缺乏规范约束，形成异军突起之势，对传统媒体造成了较大的冲击，传统媒体也在束缚中羡慕新兴媒体的自由放纵。这存在一种坚守职业道德与迎合市场谋求利益的两难选择。

二、新兴媒体与传统报纸媒体的融合方法

（一）充分利用新兴媒体成为报纸媒体新形式

可以充分关注读者阅读体验，发展新的报纸媒体平台。可以针对不同报纸栏目建立自身的微信公众号，以及建立报纸集团的整体微信公众号。除此之外，还可以将新浪微博、集团网站等做全面建设，扩展网络用户比例。当集聚了大批的网络粉丝基础，就可以为集团产生相应的经济效益。在各公众号的建设中，保证公众号的专业性、分类明晰性，可以有效地吸纳专业相关读者，吸引的阅读群体更具有针对性，同时可以营造自身的粉丝经济。

（二）积极转化报纸媒体读者

现有的报纸媒体读者还存在部分，要积极地做好转化。在报纸媒体上印刷报纸网络平台二维码，让读者通过扫描二维码来关注网络平台，进而有效地促进报纸用户资源转向网络平台。这样的操作主要是为媒体日后转型做有效准备，避免读者流失。网络阅读取代纸质形式只是时间问题，因此要做好前期的积淀工作，避免原有读者量的流失。

（三）创新网络平台信息

在网络平台信息的创建上，要具有针对性地做好创新，抓住

用户潜在需求，促进用户对信息的转发与评论，扩大信息影响力。无论是公众号还是微博，抑或是专业门户网站，都需要通过具有吸睛效果的内容促使用户转发，这种效果会有效地促进信息影响力的提升。内容设置上，要充分地迎合各时间点的热门话题，挖掘客户潜在需求，保证信息观念的创新性、实用性、趣味性。在网络平台上，将文字、图片与视频有效结合编辑，提升信息的可读性。在信息编辑人员上，要注重人才的网络信息专业素养的培养，保证其具有较强的信息整合能力。同时，要做好日常受众情况分析，针对客户情况做具有市场潜质的信息内容或者组织相关粉丝活动，让媒体本身具有较为强大的粉丝号召力，进而有效地转化成媒体自身经济效益。但是，在信息发布上仍旧要恪守职业道德本分，保证信息真实、客观，避免弄虚作假。媒体自身有品牌形象，如果片面地模仿网络信息危言耸听、造假等形式，长时间后会导致媒体公信力下降，进而导致用户忠诚度下滑。网络环境的不规范会逐步地调整改善，报纸媒体人要保持自身的专业性，等待鱼龙混杂时代的过去。

第四节 新兴媒体环境下传统报纸媒体的转型

一、努力创新，实现新闻形式的多样化

许多报纸新兴媒体机构目前在内容创新方面仍然欠缺，尤其报纸新闻网站的内容往往是报纸内容的翻版，缺乏加工，缺乏适应网络媒体的转变。首先，报纸网站的新闻题目均为实题，而报纸的主题则有虚有实，报纸网站编辑如果照搬照抄，就会难以提炼出很抢眼的题目。做题如此，新闻的编辑处理更是如此。其次，报纸网站新闻缺少互动性的内容，难以引起读者的兴趣。缺少活动策划，缺少交流互动。

传统媒体与新兴媒体的转型与发展

不过报纸新兴媒体机构的探索也在进行中。2007年4月，全国第一份付费订阅的"数字报纸"在温州日报报业集团旗下温州网上正式上线。遍布全球的数十万温州人可以用最便捷的方式，第一时间阅读温州日报报业集团4份报纸。"温州数字报纸"试运行时吸收各方面意见和建议后，将"数字报纸"及时进行调整，正式发行的"温州数字报纸"包括《温州日报》《温州晚报》《温州都市报》《温州商报》。根据温州在外经商人员多、海外侨胞多的特点，温州日报报业集团把首批读者锁定为遍布全国各地的温州商人和海外侨胞，组织专门营销团队，赴北京、上海、天津等地进行演示和推广。温州日报报业集团推出的"数字报纸"不仅保留了报纸版面语言魅力，又充分融合了音视频等多媒体技术，检索方便、阅读轻松。打开"温州数字报纸"，当天所有版面都在网页上清晰显示，原汁原味。随着鼠标轻点，各个版面一一翻动；要看具体内容，滑动鼠标直接到版面上的对应区域，全文即刻完整显示。"温州数字报纸"在相关的新闻和文章中，还嵌入了视频和音频按钮，既可以观看动感影像，又可以聆听朗朗读报声，读者的阅读体验由此上升至点击、浏览、视听、搜索等立体式新境界。

作为一个探索，温州日报的"数字报纸"走在了全国的前头，在产品形式上进行了创新。同时，在收费模式上也具有借鉴意义。

燕赵都市报也在这方面进行着转变。2007年，数字化版面推出，报纸的完整版面不仅出现在纸张上，而且以电子化的形式出现。点击电子版面，内容立现，报纸上黑白的图片在电子版上也能够变成彩色格式，亮丽清晰。而广告原来仅仅在报纸版面上出现，现在也能够以电子形式出现在电子版面上，增加了阅读量，这有利于增强广告商的投放欲望。

作为报纸网络或者报社新兴媒体，一方面需要进行技术的更新完善，创造出更丰富的传播形式；另一方面需要对报纸新闻进行再创作,实现新闻产品的创新,让报纸的网站或手机报等新型媒体,不再仅仅是报纸的翻版。

报纸新兴媒体可以根据自己的优势进行创新。第一,科学调查,找准定位。创新时,首先要进行充分的市场调研和科学的市场定位,根据受众需求进行产品设计,根据市场需求调配新闻信息,根据不同的人群设定不同特色的方式。根据差异化竞争的策略,形成自己独有的特色。第二,在报纸公信力的基础上创新。报社网站的知名度和公信力可以建立在报纸的优势基础之上。报纸经过长年的积累,具有品牌优势,在读者中建立了美誉度和公信力,这样,报社新兴媒体在推广时更容易在受众中产生信任感。第三,多推独家新闻。报社网站具有资源优势,背后是具有强大实力的报纸,具有丰富经验的编辑和记者,是权威的新闻内容采集和发布机构,是原创新闻的生产者和提供者。报社网站可以获得独家新闻,长此以往,肯定会得到受众的欢迎,并形成在网络媒体中的优势地位。第四,注重人才调配。报社是成熟的新闻采集机构,当报社网站进行重大新闻策划时,可以及时调配报社大批专业的人才进行支援。

除了内容和形式的创新,另一个关键是对时效性的提升,报社网站等新兴媒体也应该有所作为。报纸有着强大的编辑力量和记者队伍,处理新闻及时而迅速。门户网站由于没有记者力量,它的弱势暴露无遗。报社网站应该以己之长,痛击对手之短。例如,报纸可以通过自身的新闻网、手机网等,24小时不间断地即时发布记者及时采访到的各类新闻信息,记者随采随传,编辑收到后立刻整理,以最快的速度上网或在手机上发布。可以随时为读者提供最新的新闻资讯,这就是原创的力量和即时的力量。对此,商业门户网站只能徒叹奈何,因为其缺乏原创新闻,只能根据报纸第二天刊登的信息进行提取,在时效性上会大打折扣。

诚然,报社新闻网站进行24小时发布,需要配置大量人力资源，重新整合新闻传播链条，进行分割重组。编辑和记者既可以分组，也可以合一。报社新闻网站的指挥调度水平还需要完善。这对习惯于第一天采集、第二天发布新闻的报纸来说，将是一个非常大的挑战。如果做好了，则会成为报社的一个利器。

二、改变商业模式，进行多元化经营

报纸的"经营"是在新闻采访、制作或生产、传播过程中，对资金和资金来源、机器设备及人员的合理组织、调配的全过程，目的是为了实现在少投资的条件下获取最佳的宣传效益。报纸产业作为一个整体，它的每一个生产经营环节都必须服务于这个整体的经营活动，其中有的环节可以产生经济效益，有的环节不直接产生经济效益，却可以为报纸的整体经济效益的实现提供必要条件。报纸生产的新闻不直接盈利，但是它的"经营"状况将会直接影响到其他方面的活动。如果报纸新闻的"经营"做得好，将会给报业集团带来更大的经济效益。

目前，大多数报社通过资源整合组建了报业集团，作为经济主体通过市场化的运作，将其生产的报纸作为商品售卖以实现交换价值获得利润，而一张报纸的价格往往低于采访、印刷、派送报纸的费用，报纸要实现的生存与盈利，只好依靠广告收入来弥补发行的亏损。然而在这个过程中，报业集团作为企业主体，在履行社会责任的同时，以实现利润最大化为目标；报业除了遵循一般经济规律外，还有"二次销售"这一独特的商业过程；报纸是具有使用价值的商品，需要买卖双方自愿平等的交易。那么，报纸就不仅仅是报社生产出来的简简单单一张新闻纸，而是作为新闻产品在市场上销售，更需要报纸的经营者作为品牌通过经营管理来实现盈利。品牌媒介信息的传播，要依据媒介对目标受众的切割，选择合适的新闻媒介单位，向目标受众传达相关的新闻信息，优秀的品牌是一种传播性的资产商品，一种无形的商品。

第六章 传统报纸媒体的新兴媒体转型与发展

在新兴媒体时代下的报纸经营必须突破传统思维的局限,整合资源,改变商业模式,实行多元化经营获取经济效益。

新兴媒体时代下的报纸生存之路要改变传统的理念,报业集团以立足报业经营为主,利用资本扩张涉及多个部门,降低投资风险。2000年,浙江日报报业集团成立,在做强传媒主业经营业务之余,广泛涉足房地产、资本运营、贸易、高新技术、物业管理等领域,其媒体规模和经营水平居全国40家报业集团前列。报纸媒体可以通过跨领域同时参与不相关行业的业务,实现资源的有效利用,提升经济效益,扩大传媒品牌影响力。报社在积极发展本身业务的基础上应该不断地提升业务拓展的能力,在将自己的原有业务做大做强的基础上,将其他的附带产业也能够提升到一定的高度进行发展,只有这样才能够促进报社多元化经营能力的发展,才能够将报社的各项业务不断地提升起来,以便促进报社业务的进一步开发和拓展。新兴媒体时代下只有不断地将报社的业务向着多元化方向的发展才能够将报社的经营理念和经营的内容更加完善起来,促进报社的健康发展。

(一)利用自身优势,拓展印刷业务

报纸拥有大量的专业编辑人员,可以大量引进外来资金,通过合资或控股做大做强,进入印刷市场;另外,成立图书工作室,以编辑、策划及出版图书为主要业务,面向企事业单位从事品牌形象宣传策划等。早在20世纪90年代,黑龙江日报印务中心开始进入商业印刷领域,承印杂志、图书和DM广告。自2005年以来,少数适应转企改制的一些报业印刷厂,在拓建厂房时就准备开拓商业印刷业务。2011年,舟山日报社与浙江人民出版社合作建立了浙江人民出版社舟山群岛新区图书出版中心。出版中心的选题主要围绕舟山地区展开,如历史、旅游、海洋经济等。应对新兴媒体的冲击,报社的功能不仅仅是采集新闻,而需要利用自

身资源优势转变工作理念，在不影响传统报纸发展的情况下，还可以拓展物资仓储、物流配送、耗材贸易等业务的发展，一定程度上增强了报业集团的实力。

（二）加强权威性，扩大覆盖范围，开展电子商务

电子商务是通过网络平台与客户进行的高效的贸易活动。根据2012年正望咨询发布的调查报告显示，2011年的网购规模占到了全国社会商品零售总额的4.4%，达到8090亿元，网购人数有2.12亿人之多。报纸是大众普遍知晓的主流媒体，具有权威性强、覆盖范围广的优势，报纸已经建立了庞大的发行渠道，网民可以通过报纸的网站、报纸的客服电话，或者纸质报纸的广告这些途径，在报业集团建立的电子商务平台上购买商品，可以进行电子商务的物流配送服务。报纸的电子商务平台除了销售电器、图书、护肤品等，还可以作为纸质报纸的销售渠道。电子商务模式拓展了广告业务，也更好地服务于读者。温州日报报业集团创立了"非常易购"，作为一个全新的电子商务平台，也是公众的信息发布平台，销售规模达到500万元。

21世纪兴起电子商务，报业集团拥有自身的优势，覆盖范围相对比较广泛，客户群体也比较多，报纸具有较强的公信力值得客户的信赖，这样的有利条件是促进报业集团开展电子商务的最有效的动力。同时，报纸也可以携手电商开展战略合作。2010年，南都报系与阿里巴巴合作，负责宣传和推广《淘宝天下》在广东地区的活动，以及淘宝下属杂志《淘宝天下》的发行工作。报纸与电商的聚合，是将双方优势资源相互利用、互补共赢的一项战略性举措。

（三）整合营销手段，进军会展策划

报纸作为权威的主流媒体，本身就是一个品牌。《潇湘晨报》

是湖南省内发行的综合性都市报,依托省内最强大的发行队伍,每期发行超过60.2万份,创刊初期,实行"扫楼发行""敲门发行",覆盖整个湖南省。通过进入会展策划行业,策划承办了读者节、长沙市房地产交易展示会、长沙汽车博览会等这样的活动,扩大了自身的影响,也使得报纸与读者、广告主、政府间的关系更为紧密。报纸媒体应该将目标定位准确,在目标市场上与竞争者树立起自身的品牌形象。报纸的经营者在激烈的市场竞争中,要不断地学习现代商业管理的知识,认真地研究国内和国际商业发展的前沿信息,不断地树立起强烈的品牌开发战略意识,及时地抓住机遇,不断地推进报纸的品牌化战略的发展。在搞好发行的同时,加强品牌活动的策划力量,发挥报纸的功能。

(四)报纸产业发展多元经营的条件

报纸实现跨行业的多元化发展,需要报业集团应该抓好报业产业经营的主业产品,即报纸信息资源、读者资源和品牌资源,以及报社在广告、印刷、发行、信息等主营业务方面的竞争实力,这是报业集团创造价值的基础,也是促进其他业务发展的起点。报业集团只有经营好主营业务,才有强大影响力和广泛的读者支持及雄厚的资金,才能保持报业集团的核心竞争力,只有这样才能够战略性整合报纸的有效资源,促进报业集团的多元化和多领域的经营。跨行业的经营与管理往往存在着一定的危险性,传统的媒体行业需要借助新兴媒体时代机遇,扩充多元化人才,促进报纸媒体的转型和升级,才能有效地提升报业集团的经济效益。

1. 成功发展多元化经营的案例

南方日报报业集团从广州本土出发,辐射珠江三角洲,直至攻略全国报业市场,在追求经济效益的同时注重社会效益的实现,以办好报纸作为根本任务,兼营其他业务,集团旗下拥有《南方日报》《南方都市报》《南方周末》《21世纪经济报道》《南方农村报》《南方月刊》《城市画报》《南方人物周刊》《理财周报》《南都周刊》《风尚周报》《名牌》等12报、9刊和1个出版社。此外，还拥有6家网站、LED联播网和电子阅报栏等户外媒体和《南方日报手机报》《南都阅读器》《21电台》等十多个移动媒体。既有指导性的党报，又有新锐都市报，既有深层高领域的专业报，又有反思生活的周报。实行全方位多品牌的战略，对市场进行细分和精准定位，实现了"滚雪球式"的集团资源有效利用的协调效应。

  目前，南方日报报业集团主要经营4项业务，分别是核心业务、配套业务、边缘业务、界外业务。核心业务是指直接性的舆论导向、新闻传播业务。南方军团重视报纸的采写编评，例如，对《南方周末》的改版，减少一般性社会新闻和娱乐新闻的比重，增加时政新闻的分量，从新闻到专题深入，利用党报优势，加强言论力度。配套业务是为了完成舆论导向和新闻传播活动的相关业务。对报社而言，印刷和发行就是配套业务，1999年《南方日报》在省级党报中率先自办发行，《南方都市报》实行"发行大战计划"和"决战星期五计划"扩大发行。边缘业务是在媒体经营中，与核心业务和配套业务相关的业务，它与新闻传播活动并没有直接的关联，如报社的广告业务、印刷厂的经营业务。南方日报报业集团印刷厂承接了《人民日报》《参考消息》《中国日报》《工人日报》《光明日报》等多家报刊的印刷业务。界外业务指媒介经营行业边界外的经营性创收业务。南方日报报业集团的经营性界外业务包括广告、发行、印刷、信息、出版五大行业，并有相应的6个经济实体。南方日报报业集团发展至今，已成为依托报业为主体，横跨出版、信息、印刷、广告、物流配送和实业拓展等产业的媒体集团。

  2. 报纸发展多元化经营的利与弊

  报业集团发展多元化经营时，要对主营业务进行合理、深度开发，明确战略目标，宏观科学决策，谨慎选择投资领域。报纸多种经营的战略是一把双刃剑，其可以壮大主业，也可能会给主业带来负担。

报纸发展多种经营的好处主要有：一是改变了报纸依靠广告收入的单一盈利模式，拓宽了集团利润增收的渠道；二是加快了报纸产业资本的周转速度，有效利用了闲散资金，实现效益最大化；三是增强了经营活动，提升了报业集团的影响力。

报纸发展多种经营也存在着许多弊端：一些报业集团急于求成，摊子过大，战线过长，出现报业集团多种经营过散、过滥的局面，导致占用主业资金，周转不灵，使整个报业集团陷入极其被动的僵局，严重影响报业集团的发展。

报业产业经营的多元化发展，是现代报业经营方式的革新，也是传统报纸媒体应对新兴媒体冲击的必由之路。报纸产业的多种经营有益于报业经济的发展，增强报业集团的核心竞争力，但必须明确报纸经营主业是舆论引导和新闻传播活动，在发展好主营业务的基础上，科学、合理地构建报业多元化的产业结构。

三、研究读者心理，做好报纸定位

近年来，传统报纸为在激烈的竞争环境中求生存，不断过度扩张并向厚报方向发展，导致了报纸的定位模糊，同质化竞争现象非常严重，不但没有找到生存的出路，反而加剧了报纸竞争的成本。而且无效信息漫天飞，使资源得不到最大价值的利用，最终是削弱了报纸在媒体中的竞争力。报纸要想在媒介竞争如此激烈的时代常保主动地位，就必须有清晰的定位，明确的分工。

（一）服务读者，贴近生活

报纸从出现以来就是以服务大众为定位的，"大众"就是广大的读者，服务大众的定位就决定了报纸必须要服务读者，贴近读者生活。报纸要想赢得广大读者的关注,就必须根据读者的思想观念进行新闻信息的取舍,反映读者的生活,表达读者的想法,所发表的信息内容,必须符合读者的阅读水平和接收信息的习惯,并且要满足读者的审美要求,以求引起读者的心理共鸣。

（二）找准目标消费群

在媒介市场竞争如此激烈的今天,读者的地位得到了明显的提升,读者的需求也朝着多元化的方向不断发展,报纸的市场竞争说到底实际上是对读者的竞争。对读者有着清晰的认识,是报纸站稳媒介市场的前提和基础。从读者的角度来说,思维习惯、知识构成、经济基础、社会条件等都会影响到他们对信息的选择和接受。因此,将读者按照年龄、收入、性别、职业、收入、爱好等因素进行划分,并总结其阅读特点,对于专门面向中低层次的读者的报纸,可以选择与普通老百姓利益紧密相关的新闻,并且定价要合理甚至较低,而对于高端的客户,则可以以财经、经济、投资等信息内容为主导,适当提高价格。这样细分读者市场,可以有效地提高信息的到达率和读者的接受率。

（三）确定信息内容

在对读者市场进行了细分和认识了解之后,还要根据读者特点来为其提供独具特色的信息内容。竞争激烈的市场中,报纸的内容不是由把关人主观决定的,信息的选择、版式的设计和风格都要充分体现读者需求。首先,要确定报纸的内容主体,针对不同读者定位的报纸有着不同的信息取舍。机关报纸,内容主要以宣传党的路线方针、国家的政策等为主;生活类报纸,要把读者的需求放在第一位,报道和读者生活息息相关的事情。其次,都市生活类报纸内容的选择,常常以猎奇性的社会新闻、负面新闻为重点,机关报纸必须要坚持正确的舆论导向,其内容选择主要以积极、正面为原则。但从长远可持续的发展角度来说，要想获得读者的绝对忠诚，报纸必须要形成自己的独特风格。报纸可以通过版式、文风、文字倾向性等突出自己的风格，使报纸更具有不可替代性。

（四）强化功能优势

信息爆炸的自媒体传播时代，传统报纸的"跑马圈地"占有策略已经不符合市场竞争趋势，而需要报纸运用自身的特色服务来抓住读者眼球，通过个性化品牌定位强化自己的市场主体地位。同质报纸众多、市场竞争激烈的情况下，突出报纸品牌的优势和个性，读者根据自身需要和喜好自行与报纸进行匹配，以便读者可以更方便快捷地获得信息。报纸必须要明确自身的功能和要达到的传播效果，如报道、评论、服务、娱乐等。在报纸的不断发展中，要建立"专而精"的办报理念，摒弃陈旧的"大而全"的思想，报纸的功能要具有明显的特色性和服务性，从自己的核心优势出发，力求将这些优势做大做强。

（五）了解读者阅读习惯

读者什么时候阅读报纸？阅读报纸的环境怎样？心态怎样？这些看似不那么重要的问题对于报纸的定位却影响甚大。例如，早晨是读者获取新闻信息的心情最为迫切的时候，而且获取信息的时间比较匆忙和碎片化。边吃早餐边看报纸、公交车上看报纸等，他们往往只挑自己感兴趣的内容来阅读，并且是一眼而过的快速浏览。而晨报作为一天中最早与读者见面的报纸，其定位必须要符合读者早晨的阅读习惯，报道要尽量短小，时效性要高、密集度要强，而在版式上要采取小报形态以适应早晨读报的狭窄空间。相比而言，读者晚上阅读时间比较充裕，心情比较放松，因此晚报的定位应该是以深度、广度、高度为主，引导读者进行深度思考。

四、明晰信息产权，保护自己的资源

作为报纸业的从业人员，几乎每个人都认识到了网络媒体的优势，都看到了网络媒体的发展趋势不可阻挡，但是对于自己新闻产品的保护却都认识不足。如果新闻信息的知识产权问题不解决，网络门户的冲击对报纸将是致命性的。

新闻产品是报纸的生存之本，是报纸的优势所在。然而，现状却是报纸花费高额成本采集的新闻内容被网络免费拿走了。门户网站在最短的时间之内将报纸的新闻粘贴、复制、发布，以零价格获得信息，然后吸引读者。网站不仅速度比报纸快，而且因其挑选了全国数百家报纸的精华，其新闻的含金量也要高出单个的报纸。浏览新闻的受众成了网站的用户，用户越多意味着广告量越大。众多门户网站、商业新闻网站在做着"无本万利"的买卖，享受网络市场带来的巨额广告利益。

门户网站、商业新闻网站轻而易举截流了读者，无偿利用了信息，增加信息界面赚取了广告费。这种不公平的交易规则破坏了媒介的竞争秩序，成就了商业网站，打击了整个报业。

新闻信息是宝贵的资源，只有认识到这一点，才会有动力去保护新闻知识产权，才能使报纸和网络走上正轨。然而，由于报纸行业对此认识不足，或者说被网站巧妙利用了报业内部的竞争关系，坐收渔利。报纸对商业网站的行为往往听之任之。

然而，面对严峻的报业形式及冷酷的网络冲击，报业应该有所作为，应从立法层面去争取，从实践环节去维权。保护新闻知识产权，是一个必须要走的程序。2005年10月，由中国都市报研究会发出的一份《南京宣言》，第一次集体表达了对网络媒体冲击的深刻忧虑，以及对门户网站廉价使用报纸内容资源的不满。2006年1月，解放日报集团向全国39家报业集团发出倡议成立报

纸的"内容同盟",提出建立判断机制和定价机制,集体向网络媒体收费。此举被网络专家称为"传统媒体与网络媒体的分庭抗礼",有人甚至认为这是"传统媒体对网络媒体的打压"。最后,因为报业的内部竞争,网络将之各个击破,整个行动以失败告终。

报纸行业的《南京宣言》算是一个奋争起点,尽管行动以失败告终,但是最起码是一种正确的斗争态度。下一步报业需要走的路径是:信息产权明晰,网络付费使用。斗争不能停止,报业尚需团结努力。

五、向本地化方向发展

从我国目前新闻网站发展情况来看,比较著名的诸如四大门户网站等的媒体,它们的新闻源通常来自各地的报纸,很少有网站自己采编的新闻,对报纸内容的"无条件拿来"使它们养成了没有必要去各地采编新闻的习惯。事实上它们并不掌握新闻采访权,也没有人力的支撑。这一情况表明,只要传统报纸利用区域优势特点,着力做好地方新闻报道,以网络为主导的新兴媒体就无法取而代之。

关注民生问题。不管现今的读者如何分化,不管新兴媒体冲击下新的传播环境怎样改变,也不管如今报业之间竞争多么激烈,读者始终关心与自身利益息息相关的民生问题,这就要求报纸想要紧紧抓住读者,其新闻内容就必须要贴近读者、贴近生活,时刻关注社会民生问题。例如,教育、医疗、住房、食品等与读者日常生活紧密相关的内容。

增多服务性内容。报纸的区域性特点决定了其必须依靠本土读者立足,就必须树立起服务理念,在报纸版面上应增多服务性内容,发挥其服务功能。在报纸都在做全省、全国乃至全世界的新闻报道时,地方性报纸可以开启"新闻+资讯"的模式。

在报纸上开辟诸如"生活资讯"等专版,从出行、餐饮、娱乐、健康、美容等方面为读者提供服务性的信息内容，并不断要求报纸自身提高服务信息的质量，渐渐培养读者对报纸的依赖性，久而久之使报纸成为当地读者生活的必备品。

此外，还可以增设一些副刊做本土化的文化传播。报纸所在的每一个区域，都有自己的本土文化特色，报纸可以对不同的文化特色有针对性地做一些宣传本土文化的报道，这样不但可以发扬自己区域的本土文化，还能拉近与读者之间的距离，比较容易获得读者的情感认同，也可以形成报纸自身的特别风格。

六、合理运用新兴媒体，多媒体化生存是手段不是目的

（一）运作新兴媒体需要新机制

新兴媒体与报纸的特征、信息传播方式等差异性很大，所以新兴媒体的运作机制也与报纸的运营机制完全不同，报纸在运作新兴媒体发展壮大自身时，如果依然按照传统报纸的运作机制去做，肯定会出现各种问题。将传统的报纸运营机制死板套用在新兴媒体运作中，这是大部分报纸运作新兴媒体失败的关键原因。要解决好报纸运作新兴媒体的机制问题，就要赋予报纸新兴媒体形态活力，要用市场机制来运作新兴媒体。具体来说，可以将报纸新闻网站进行注册，使其成为具有独立法人资格的股份制公司，让网站独立自主地进行市场化运作，在市场化竞争机制的作用下，网站自负盈亏，不仅促使资源得以优化配置，更使网站在危机意识的作用下不断地提高竞争力。另外，报纸还可以投资资源丰富、能力较强的公司，新兴媒体交由这些公司来负责运作，不用事必躬亲，专业的团队操作也规避了报纸运作新兴媒体的专业化不足的问题。

（二）借力新兴媒体提升报纸影响力

新兴媒体的发展在为报纸带来压力的同时，也为报纸创造了各种创新的条件和可能。但我们必须要区分开报纸新兴媒体运作中提升影响力和直接盈利的不同形态的区别。例如，手机报、iPad报、报纸网站等是可以直接实现盈利的。与之不同的是诸如报纸微博、微信服务号等是不可能实现盈利的，它们主要为提高报纸的影响力而服务。报纸在运作微博等提升影响力必须要明确，借助新兴媒体是用来提升自身的影响力，而不是利用报纸的影响力和权威性来强化新兴媒体。由于受到时效性的限制，报纸的独家新闻往往不能及时传播，但可以通过QQ、微信、微博等公共平台推送出去，报纸的读者和网络读者不同，同一条新闻以最快的速度到达两个群体，肯定会为报纸争取到更多的读者。公共平台上推送的内容相当于给报纸内容作了导读，激发读者买报纸的欲望，可以提升第二天报纸的影响力。不仅如此，报纸通过建立报纸微博、微信服务号、QQ公众号等，在这个小的社区里将编辑、记者、读者集合在一起，围绕报纸报道的话题展开讨论和交流，这不但加强了本地读者的凝聚力，更提升了报纸的影响力。此外，报纸还可通过微博、公共服务号等获取新闻线索、开展新闻调查、收集信息，更可以开展活动吸引读者参与，这都是报纸借助新兴媒体提高影响力的有益尝试。

寻找报纸运作新兴媒体的盈利模式。传统报纸数字化转型过程中，创造了许多新的报纸形态，但一直没有找到合适的盈利模式。报纸一直尝试为新兴媒体寻求适合其发展的盈利模式，实际上，新兴媒体的盈利模式从根本上来说就是免费还是收费的问题。报纸运作新兴媒体到底应该采用什么样的盈利模式，已经纠结了很多年，而结果却是新兴媒体将报纸的内容无偿拿来，却没有产生回报。其实免费和收费并不是矛盾的，新兴媒体完全可以采用

传统媒体与新兴媒体的转型与发展

"免费+收费"的盈利模式。首先，完全收费模式，就是以月或者年为单位，对这一范围内的报纸内容全部实行收费。这种盈利模式只适用于那些掌握着少数有价值的稀缺新闻资源的报纸，这些报纸有着高质量的原创性内容，以深度报道为主，在特定的领域有权威性，并且必须具有很强的核心竞争力。其次，针对VIP读者收费，报纸在新兴媒体上提供的内容绝大多数是免费的，但仍然有些内容和服务需要读者付费才能阅读和使用。免费的那部分内容主要是内容同质性很高的信息，读者可以通过多种渠道获得，而读者如果想要继续深入阅读时，就要进行付费。最后，新兴媒体还可以提供特色服务对其收费。现今读者的需求越来越多元化，有些读者需要将新闻内容下载下来阅读以满足自己的个性化阅读需求，也有些读者需要阅读过期的内容信息，还有些读者有问卷调查等需求，这时新兴媒体就可以整合这些内容，为读者提供有偿的服务了。

第七章 传统媒体与新兴媒体的融合与发展

第一节 传统媒体与新兴媒体融合的现状

一、传统媒体与新兴媒体融合现状

根据2014年8月中央全面深化改革领导小组第四次会议审议通过的《关于推动传统媒体和新兴媒体融合发展的指导意见》相关规定，未来几年内，我国应在遵循传统新闻信息传播与新兴媒体发展规律基础上，不断推动传统媒体与新兴媒体之间的优势互补与协调发展。就目前来看，我国在传统媒体与新兴媒体融合方面已取得一定成效，具体表现在以下几个方面。

（一）新闻出版数字化改革初见成效

新闻出版业作为我国传统优势信息传播行业，随着近几年互联移动技术的快速发展与推动，传统纸质与电视广播类新闻信息类节目开始向智能移动终端发生"裂变式"转换。尤其随着微信、微博及各类社交传媒APP软件的快速发展，移动与数字需求已成为传统新闻出版运营改革重点。以"长江日报"为例，2013年长江日报开始整合内部资源，通过推出长江日报微信公众号、官方微博形式，积极推动其信息出版数字化与网络化改革，2015年长江日报正式成立其报业新闻云媒体平台，通过将传统媒体与互联通信技术间的交互融合，推动新闻出版数字化多元化改革发展。

（二）"三网融合"日益深入

所谓"三网融合"，简单来说就是移动互联网、电信通讯网与传统广播电视网在应用形式与内容上的相互合作与协同化发展。以武汉市"黄鹤TV"为例，2011年武汉广电集团以现有传统市场媒体信息传播资源为基础，借用现代移动互联通信技术，实行新兴媒体信息的资源开发与融合，2015年"黄鹤TV"正式推出"见微"全媒体创新平台，通过全媒体信息运营、数据即时采集与共享，为我国传统电视媒体未来发展与新兴媒体融合做出积极探索，并取得非常不错成绩。2017年"黄鹤TV"在全国广播电视综合排名47名，比2014年提高了近20名，由此不难看出其传统媒体与新兴媒体融合所展现的巨大潜力。

（三）立体化、融合性现代传播体系逐渐成形

目前我国正处于新兴媒体发展高峰时期，根据2017年1月中国互联网信息中心（CNNIC）发布的《第39次全国互联网发展统计报告》结果显示，截至2016年12月，我国与新兴媒体息息相关的手机网民规模已达到6.95亿人，比上年同期增长了7550万人，占7.31亿网民总数95.1%，其中单纯通过手机上网的网民就有1.73亿。手机视听终端已经成为我国网民上网主流方式，在其影响下，我国在立体化、融合性现代传播体系的建设方面也日益成熟。就目前我国信息传媒现状来看，各类移动媒体客户端的相继成立为现代传播体系构建提供极大助力，新闻"掌上平台"、电子版报纸杂志及各类传媒公众号已成为现代人信息获取的重要途径与形式，以"掌上四川"为例，其借由官方微信公众号与专业新闻手机客户端的推广，为客户提供及时高效的新闻信息，并借由互联便利途径对网络突发性事件予以及时报道与积极舆论引导。

二、传统媒体与新兴媒体融合现存问题

虽然目前我国传统媒体与新兴媒体融合已取得了一定成效，但由于现有媒体市场不完善及相关管理制度缺失，其在实际融合发展中仍存在一定的问题与缺陷，其具体表现如下。

（一）传统媒体运营管理与衍生服务意识仍有待提高

在过去传统媒体信息传播过程中，主要重视对实时新闻报道与社会公益性信息的公布，其带有明显的"国企"性质特点，对于其媒体运营与市场经济化改革重视度不够，尤其对于媒体市场客户需求研究及服务意识的培养上仍有明显局限。这一点与新兴媒体社会公众服务性、自媒体信息传播性特点形成鲜明对比，如果传统媒体仍坚持过去以社会效益为主导的思维管理模式，其很难适应现代互联移动客户实际需求，对于传统媒体与新兴媒体的实际融合也会造成不利影响。

（二）新兴媒体内容创作与公信力平台建设运营方面存在明显不足

与传统媒体相比，新兴媒体虽然在信息传播速度与广度上具有天然优势，但是由于缺乏必要的媒体管理与资源获取途径，其在媒体信息内容制作上参差不齐，很难形成稳定的媒体品牌特色与社会公信力。最常见的问题，例如，"未经调查盲目跟风""简单复制抄袭"等。另外，在新兴媒体平台建设运营方面，很多新兴媒体虽然利用了现代互联通信技术，但在实际平台运营工作中仍沿用传统媒体平台运营模式与业务流程，这同样对于我国新旧媒体融合与全媒体管理的实现造成极大阻碍。

(三) 融合形式与方法存在问题

就目前传统媒体与新兴媒体之间的融合而言,首先在融合形式上仍较为浅显。例如,单纯将新兴媒体部门介入传统媒体运营中,承担其媒体产品研发与网站客户端的运营,或是传统媒体并入到新兴媒体中,直接对传统媒体产品与市场运营平台予以升级,这些形式仅涉及表层形式上的合作,而真正的媒体融合应是媒体体制、内容、管理形式等方面系统化、全面性的转型。另外,在融合方法上,由于传统媒体与新兴媒体之间存在时效性差异,不论是成立新兴媒体报业集团还是设立专门的新兴媒体部门,传统媒体在信息发布效率上往往落后于新兴媒体,为此,如何合理处理融合后媒体职能分配与资源利用问题同样是当下媒体融合所要考虑的重点所在。

第二节 传统媒体与新兴媒体融合的必要性及可行性

一、传统媒体与新兴媒体融合的必要性分析

随着信息传播技术的迅猛发展,当下的媒体格局和舆论形态发生了翻天覆地的变化。传统媒体与新兴媒体的融合,不仅是大势所趋,而且是媒体生存的必需条件。近年来,传统媒体与新兴媒体的发展融合已经开展了一些实践探索,也取得了一定成效。但是,我国媒体的融合与发展水平还比较初级,仍然处于探索求证阶段,媒体融合多为简单的媒介传播平台的平移,而真正意义上的媒体融合还没有开展起来。媒体形态的融合不是一次性任务,而是一个不断探索求证的动态过程。当前的媒体传播方式开始出现了移动化、视频化、社交化、互动化趋势。互联网技术的发展

第七章 传统媒体与新兴媒体的融合与发展

使得各种信息传播介质的边界变得模糊化，媒体传播的内容变成了碎片化、海量化传播，在传播形态更加多样化、立体化甚至是多元化。传统媒体与新兴媒体的融合发展已成为媒体生存发展的必然选择途径。

随着互联网技术的大力发展，传统媒体受到了严重的冲击。从发展格局上来看，新兴媒体的受众群体越来越广，特别是年轻人更多的是通过互联网通信获取信息；而传统媒体的受众群体不断缩小，所占市场份额也开始不断减少；从舆论的传播情况来看，新型媒体的影响力逐渐变强，而传统媒体的舆论能力逐渐变弱。随着形势的不断严峻，媒体大发展要跟上时代，传统媒体和新兴媒体的融合不能等待。

第一方面，传统媒体与新兴媒体的融合过程中，传统媒体可以借助新兴媒体的海量信息、超高的人气、快速的应变能力获取题材。新兴媒体转载新闻，网民发起热议，反过来推动传统媒体的报道，二者相互助力，形成信息传播的巨大影响力；第二方面，由于网络媒体话语权的分散化，无法以高度的权威性进行舆论引导，需要传统媒体参与进来去伪存真；第三方面，在媒体边界变得模糊、媒体市场细分、受众需求精细化的背景下，传统媒体借鉴新兴媒体"将信息产品化、平台产品服务化"的运营模式，走小众化的精准定位与大众化传播相结合的道路，可作为传统媒体突破瓶颈的一种尝试；第四方面，传统媒体的品牌影响力与新兴媒体的强大互动功能强强联合，能够将广大受众从旁观者变为参与者，推动传统媒体节目在全社会范围内人气的飙升，形成并增强传统媒体的品牌效应。

二、传统媒体与新兴媒体融合的可行性分析

（一）政策条件

三网（电信网、广播电视网、互联网）的融合是传统媒体与新兴媒体媒介融合的必经之路。2010年6月，三网融合从12个三网融合试点城市和试点方案的公布开始就真正意义上拉开了融合的帷幕。中央全面深化改革领导小组第四次会议于2014年8月18日审议通过的《关于推动传统媒体和新兴媒体融合发展的指导意见》，将媒体融合发展作为一项长期战略任务，并指出融合发展并不是摒弃传统媒体，而是要着力打造一批新型主流媒体，建成强大实力和传播力、公信力、影响力的新型媒体集团。

（二）市场条件

"公民记者""草根阶层代言人"是伴随新兴媒体而诞生的。特别是在微博等社会媒体使得每个人都有可能成为一手新闻的亲历者和报道者，每个人都可能被大众所关注，新兴媒体唤醒了草根群体对社会的参与欲和表现欲。草根性意识的觉醒，使得群众对媒介的消费习性表现出了新的需求特征，受众群体要求媒介在传播过程中要足够表现其丰富性、差异性和便捷性，以及提供信息的便捷性，在新的形势下如果传统媒体不能适应受众群体新的需求，终将会被时代所淘汰。

（三）技术条件

新一代信息技术（如云计算、大数据等）广泛应用，以微信为典型代表的社交型通信工具的问世，以及各类移动终端APP、互联网视频、智能电视等，以其交互性、及时性和低成本改变了传统媒体的受众形式，打破了媒体之间的界限，传统媒体固有的

运营方式和现有特点已经无法满足互联网时代人们的要求。

传统媒体来源于草根文化和草根视角，具有鲜活的生命力，借助新兴媒体平台，草根群体通过发出最真实的声音来表达该群体的诉求。传统媒体代表的是精英视角的精英文化，是一种计划好的自上而下的信息传播，它所代表的依然是最具强大实力和传播力、公信力、影响力的声音。目前新兴媒体也开始进入精英文化的领域，代表精英文化的传统媒体要生存，必须进行新兴媒体化革命，通过学习和利用新兴媒体的优势，借鉴新兴媒体的思维模式，通过与新兴媒体协作融合来为传统媒体服务。对于媒体融合的路径选择，两者之间不是彼此竞争、物理合并，而是不断吸取彼此的优势，从中获取发展新灵感的过程。

第三节 传统媒体与新兴媒体融合面临的问题

一、否定传统媒体，弱化传统媒体的公信力

片面地看到了传统媒体所具有的空间限制和面临的挑战困难，忽略传统媒体的自身优势。误以为现今面临的媒体融合发展就是单单在新兴媒体上的投资运作。实际上，媒体融合发展的过程是一个需要"相互鉴印"的经过，基准于自身优势，瞄准自身发展方向和找准适合自身发展的模式才是真正的关键。在新兴媒体下，信息的来源更广泛，其能覆盖的范围也更广，传播速度更快，但传统媒体在传播信息前，都会对传递的内容进行筛选、检查，保证传递内容的真实性和积极性，这是新兴媒体所不具备的。

二、媒介融合仅仅是简单的相互叠加，而不是真正的媒介融合

例如，推送电子版报纸、开设官方微信、运用二维码等。事

实上新兴媒体与传统媒体的融合并没有把各种媒介资源、生产要素进行有效的整合，发挥出媒体融合独有的优势，只是在表面上在新兴媒体与传统媒体融合过程中增加了新的传播渠道和平台。仅仅的各种媒体组合，根本无法形成真正的一体化发展的组织、传播和工作的有效结构、体系、机制。

三、缺乏整体的规划，着重于某些单个项目的建设、发展，没有明确的规划、定位

虽然在国家高层领导会议中已经提出重视发展媒体融合的战略性和紧迫性，但在传统媒体与新兴媒体融合发展的战略统筹和规划实际操作过程中，还有曲折漫长的路需要探索、求证。

四、技术水平有限，研发实力欠缺

先进的科学技术支撑是传统媒体与新兴媒体融合发展的最为重要的要素之一，由于传统媒体自身的限制，技术领域的实力存在很大的不足，而各类商业网站已站在新兴媒体技术的尖端。

五、管理体制存在局限，无法满足融合发展的新需求

原有媒体业发展的管理体制主要是针对传统信息传播方式下的信息传播，而新兴媒体的出现，覆盖率更广、传播速度更快的传播方式需要与之相适应的管理机制。固有的管理机制很难适应新形势下媒体融合发展的需要。

六、盈利模式模糊

由于新兴媒体的冲击，传统媒体的市场占有率逐渐变小，受众群体也开始缩小，这直接降低了传统媒体在广告上的收入；而新兴媒体的大众关注度逐渐上升，且覆盖面越来越广，但在盈利能力方面的实力还弱于传统媒体。二者清晰的盈利模式能够促进

媒体融合，使其产生互动协同的效果。

第四节 传统媒体与新兴媒体融合的路径

一、传统媒体与新兴媒体的优势融合

（一）内容上的融合

无论新兴媒体还是传统媒体，其所对外进行传播的都是社会信息，即两者吸引受众兴趣的本质原因在于信息内容。传统媒体由于其具有鲜明的政治色彩和成熟的管理监督机制，使得其所发布信息的权威性、公信力及信息来源、传播经验等都优于新兴媒体，而且这些也是现有新兴媒体在发展过程中亟须提升的地方。而新兴媒体在信息的形式、容量、互动性等方面的优势，又是传统媒体所欠缺的。因此，在两者的未来发展过程中，可以相互借鉴、相互合作。具体措施如下。一方面，传统媒体在基于自身信息的真实性基础上，吸收新兴媒体的信息传播手段，借助新兴媒体的技术平台进行网络化、移动化信息传播。例如，报纸、期刊、广播、电视等传统媒体可以在保持现有运营模式的基础上，开展网络发布、手机快报等形式的信息增值服务。另一方面，新兴媒体在信息挖掘和获取的过程中，可以借助传统媒体的信息来源，实现信息内容可靠性的提升。然后，借助自身的检索方便、互动性强等特点实现信息内容的快速传播。因此，新兴媒体信息内容的丰富多样性特点和传统媒体信息权威性的特点，将使两者在未来的媒体竞争中提升自身的竞争力。

（二）渠道的融合

当前，新兴媒体的产生带给传统媒体的众多冲击，主要是由

于新兴媒体在传播渠道和方式上的巨大优势。这对于传统媒体而言虽然使其市场竞争力受到影响，但这也是其获得自身传播渠道提升的机遇。而传统媒体所具有的信息获取渠道的可靠性、传播渠道的正规性等优势，也使得受众群体对其信息存在较大的依赖感。因此，新兴媒体与传统媒体渠道的融合也将成为两者未来融合趋势的一个重要方面。具体表现为：首先，传统媒体应积极吸收新兴媒体吸引受众的渠道优势和经验，利用新兴媒体交互性、个性化信息传播的平台，为受众搭建一条更多、更好的表达平台、参与平台和交流平台，提升受众在传统媒体中的参与度；其次，新兴媒体可以寻求与传统媒体的合作，利用自身信息传播平台交互性的优势，获取传统媒体权威性信息的获取渠道，提升自身在受众群体中的信息可靠性。通过这一渠道的融合，一方面将使传统媒体信息的交互性增强；另一方面将使新兴媒体的信息权威性提升。因此，实现渠道融合也将有利于新兴媒体与传统媒体在未来媒体市场中的健康可持续发展。

（三）市场的融合

传统媒体与新兴媒体作为媒体市场中的两个个体，之间必然存在诸多的碰撞与摩擦，但是这并不意味着两者只能取其一。实现两者的市场融合，则将使两者实现"推"和"拉"市场发展态势。其中，"推"是指将统一信息内容放置于不同的传播媒介中，将推动两者在信息容量、可靠性、传播时效性等多个方面的发展，对于两者都是积极的推动作用。"拉"是指两者市场的融合，将使得传统媒体获得吸引受众群体的传播平台，同时拉动新兴媒体信息权威性的提升。两者的市场融合，将大大的带动整条媒体产业链运营水平的提升，创造更为先进的新型商业模式。为此，传统媒体与新兴媒体在实现市场融合的过程中需要抓住以下几个方面的机会。首先，新兴媒体与传统媒体都要充分把握住现有高新技术快速发展的基础，尤其是数字技术、网络技术的改革创新；其次，新兴媒体与传统媒体在技术发展的基础上，要抓住机遇积极改造自身现有运营的缺陷，使传统媒体与新兴媒体的信息内容相互延伸、融合，形成具有较高竞争力的数字化产品；最后，促使传统媒体与新兴媒体受众群体的相互吸引。总之，传统媒体最终必须在与新兴媒体的互补和融合中创造新的商业价值，这不仅是被迫的选择也将是唯一的选择。

二、建立健全传统媒体与新兴媒体的融合规则

（一）建立健全阅评制度和追惩制度

建立健全阅评制度的主要目的在于通过制度的约束实现新闻媒介的有效管理，并在宏观上实现新闻舆论导向的调控。随着新兴媒体与传统媒体融合进程的不断深化，建立健全阅评制度已经成为两者融合过程中管理体系建设必不可少的重要组成部分。而为了保证阅评制度能够真正地发挥效能，则需要建立相应的追惩制度，对于不准备阅评规章制度的行为进行严格的惩罚。为此建立健全阅评制度和追惩制度的具体实施措施包括以下几个方面。首先，要建立新闻阅评机构，落实阅评责任。通过对阅评机构的建立，使得整个阅评责任得以明确，能够有效地实现责任追查。同时，专业的阅评机构能够更加有效地对新兴媒体与传统媒体所发布的信息进行审查，保证传播信息的可靠性。其次，确立信息阅评的标准。通过建立科学、合理、明确的阅评标准，保证阅评人员在信息甄别过程中拥有依据，使得整个阅评过程能够由定性转向定量。最后，建立新闻问责制。建立事前、事中、事后的责任追惩制度，对于违反新兴媒体与传统媒体信息传播规定的人和组织给予相应的责任处罚，以强制措施实现媒体信息传播的良性竞争。

（二）规范管理体制和机制

新兴媒体与传统媒体融合后在媒体传播技术、盈利方式及运营服务渠道等都产生了众多变化。由于这些变化与传统媒体经营理念和方式具有众多不相适应的方面，从而使得新兴媒体与传统融合过程中媒体产业端的矛盾和冲突时有发生。而解决这些矛盾和冲突的主要依据则需要政府和行政机关通过立法或相关规章制度进行明确化和强制化规制。因此，规范新兴媒体与传统媒体管理体制和机制称为促进两者优势有效融合的根本保证。具体措施如下。第一，政府可以在新兴媒体快速发展的形势下，加快新兴媒体立法。分别从公法角度和私法角度对新兴媒体管理的范围和内容、行为和言论做出明确规定。第二，面对日益丰富的新兴媒体服务模式，为了准确把握舆情脉动，为引导舆论和正确决策提供科学依据。监管部门需要加强常规管理，建立和完善新兴媒体舆情的搜集、研判和反应机制，对重点网站、热点问题等进行全天候监测。第三，建立健全道德监督机制，预防和查处新兴媒体失范行为，不断提高新兴媒体职业道德水平，积极推进新兴媒体自律。总之，为了促进新兴媒体与传统媒体优势的有效融合，其关键在于保证两者融合过程中的矛盾冲突解决能够有法可依。坚持依法、科学、有效管理的原则，加快形成依法监管、行业自律、社会监督、规范有序的信息传播秩序。

三、促进传统媒体与新兴媒体的交互性发展

（一）加强传统媒体和新兴媒体的互动，实现新旧媒体互动

加强媒体间的互动，把传统媒体的深度及其传统价值理念带到新兴媒体的创意和制作过程当中去，不断探索最佳切入点，进

一步拓宽传统媒体和新兴媒体的互动平台，努力打造数字化期刊等产业。中国期刊协会会长石峰表示："传统期刊要走与新兴媒体融合发展的道路，数字化将增强了期刊业的传播力。"传统媒体对新兴媒体不应该逃避或焦虑，而应怀着满腔热情地探索互动之路。在实践中，不断强化数字期刊强化线上线下平台互动，建构专业化、深度质量的新闻专题，逐步增强媒介融合的公信力、吸引力及竞争力，这也是传统媒体和它所属的新兴媒体之间实现良性互动、相得益彰的必然。

（二）发挥新旧媒体优势，建立交互性品牌媒体

品牌建设是各个行业运营过程中的重要课题。一个没有品牌的行业，不能称之为成功的行业，一个缺少品牌的市场不是一个完善的市场。为此，新兴媒体与传统媒体进行融合后，需要在运营过程中注重对于融合后的媒体品牌的建设。

1. 加大广告宣传，树立名牌形象

广告宣传是创造产品名牌的重要条件。可以说，在创立媒体名牌的过程中，广告不是万能的，但没有广告是万万不能的。因此，新兴媒体与传统媒体在融合过程中，要获得自身在市场中的竞争力也要注重广告宣传。而且融合后的媒体品牌广告宣传时要全方位、多角度、多媒体、长时间的宣传，尽可能地使品牌的个性特征更加突出，激发消费者的购买欲，有效地占领市场。具体而言，新兴媒体与传统媒体的广告宣传首先应尽可能地扩大广告覆盖面；其次，要注意宣传的经常性，给人一种经久不衰的感觉。

2. 切实加强对媒体企业名牌无形资产的保护

多年来，由于众多媒体企业不够重视对名牌企业的无形资产依法注册，依法进行保护，致使许多国粹精品被国外企业抢注商标，造成无形资产的大量流失，严重阻碍了企业名牌走向世界。因此，新兴媒体与传统媒体在品牌建设过程中必须运用法律手段，

加强对自身所创立的媒体名牌无形资产的保护。首先,要重视市场信誉的保护,不要盲目联营,以免砸自己的名牌;其次,在媒体产品进入目标市场之前,就应注册商标,以防商标被抢注而失去市场;最后,保护名牌还要珍惜名牌的信誉,慎重选择合作伙伴并加强管理,以免盲目扩张名牌出现劣质产品损害名牌形象。

四、加强新兴媒体与传统媒体企业自身核心竞争力的建设

核心竞争力是体现媒体市场竞争能力的重要保证,而且核心竞争力也是传统媒体和新兴媒体融合过程中,赢得受众关注和选择的保证。虽然,我国传统媒体与新兴媒体融合后其竞争力将实现大大提升。但是,在国际媒体市场上,我国媒体的核心竞争力还处于薄弱地位。而当前互联网的全球化覆盖,已经使得世界各国媒体信息交换更加便捷,国外媒体依靠其较高的信息传播技术逐步侵占我国媒体的市场份额。在这一环境下,新兴媒体与传统媒体融合过程中需要确立自身的竞争优势,加强自身媒体核心竞争力的建设。

(一)媒体公司竞争力的提升

媒体竞争力的提升关键在于企业文化的建立,良好的企业文化是核心竞争力形成和推广的前提条件。由于在现有信息时代下媒体企业管理理念仍存在不足,为此新兴媒体与传统媒体在进行融合的过程中,需要对现有媒体文化进行提升以适应市场要求。另外,新兴媒体和传统媒体可以借鉴西方国家的管理经验和先进技术,通过运用现代管理技术,依靠数理统计及对风险的量化分析,实现对媒体传播和经营过程中风险持续的、动态的、立体的监测和管理,最大限度地减少个人的主观判断,客观反映风险状况,并能实现风险资产的组合,实现盈利的最大化。

（二）体系要素竞争力

体系要素竞争力是新兴媒体和传统媒体核心竞争力提升最为直接的因素。因为媒体运营的最终目标是进行文化、信息的传播，对象为信息商品，而体系要素正是信息商品质量、服务的直接体现。具体措施如下：首先，在保持固有竞争力的同时，通过不断吸收和平衡市场发展动态中各种竞争要素的积累，实现在技术、人才等相关要素市场上关键核心技术和技能的掌握；其次，在保持专业领域不断提高的基础上，通过与市场需求的吻合不断地抢占有效的市场领先地位；最后，保证一定的资金支持，做好市场开拓的前期的物质准备，同时对技术创新提出更高要求，对科研开发实施有效的奖励政策，更好地激发员工的研究热情和创新能力。

（三）个人竞争力

媒体营运过程中个人能力的大小，直接影响其活动效率和活动质量。只有具备了优异的个人能力才能更好地适应新兴媒体与传统媒体融合环境下发展的新需要。而且现有新兴媒体与传统媒体融合过程中所产生的众多新理论和新方法也使得媒体传播经营理念发生了众多变化。为此，传统媒体与新兴媒体在融合过程中，各个媒体企业在个人竞争力提升方面要加强对员工基本素质、职业经历、任职资格能力及执行能力等的关注力度。

参考文献

[1] 中央人民广播电台提升中国互联网国际传播力课题组. 传统媒体和新兴媒体融合发展的愿景与路径 [M]. 北京：社会科学文献出版社，2014.

[2] 李宇. 传统电视与新兴媒体：博弈与融合 [M]. 北京：中国广播影视出版社，2015.

[3] 毕书清. 新时期的媒体融合与数字传播 [M]. 南京：江苏科学技术出版社，2015.

[4] 毕书清，李婷婷. 传播变革：新时期传统媒体的变革与发展 [M]. 南京：江苏科学技术出版社，2017.

[5] 陆小华. 再造传媒：传统媒体系统整合方略 [M]. 北京：中信出版社，2007.

[6] 方田，黄梦田. 传统媒体与新兴媒体融合的现状与困境 [J]. 新闻研究导刊，2016，7（12）：398.

[7] 武凌云. 关于新媒体的发展现状与对传统媒体的影响分析 [J]. 电视指南，2016（12）：65-68.

[8] 刘善芳. 传统媒体与新媒体融合的现状与出路 [J]. 新丝路，2016（20）：149.

[9] 熊湘漪. 传统媒体发展新媒体的现状及出路 [J]. 经济与社会发展，2012，10（7）：114-117.

[10] 王桂芳，周健晔. 传统媒体与新兴媒体的融合发展 [J]. 中共山西省委党校学报，2014，37（6）：98-100.

[11] 郭奕臻. 传统媒体和新兴媒体融合发展研究 [J]. 西部广播电视，2014（18）：53-54.

[12] 新华社新媒体中心. 中国新兴媒体发展报告（2012—2013）[M]. 北

京：新华出版社，2013.

[13] 姚争. 新兴媒体竞合下的中国广播 [M]. 北京：中国广播影视出版社，2014.

[14] 谭天. 媒介平台论：新兴媒体的组织形态研究 [M]. 北京：中国人民大学出版社，2016.

[15] 邓佳煜. 陕西省传统媒体与新兴媒体融合发展研究 [D]. 上海：华东师范大学，2016.

[16] 荆啸龙. 传统媒体与新兴媒体的"载体竞争" [J]. 今传媒，2015 (9)：61-62.

[17] 朱文华. 传统媒体与新兴媒体的融合发展 [J]. 新闻研究导刊，2016，7 (9)：65-68.

[18] 张恒. 媒介生态中新兴媒体与传统媒体的融合之道 [D]. 上海：上海戏剧学院，2010.

[19] 魏浩俊. 传统媒体转型发展之路 [J]. 上海经济，2012 (6)：61-62.

[20] 郭全中. 传统媒体的新媒体转型：误区、问题与可能的路径 [J]. 新闻记者，2012 (7)：14-19.

[21] 郭全中. 传统媒体转型的难点与对策 [J]. 传媒，2011 (4)：68-70.

[22] 范俐鑫. 传统媒体融合转型的若干趋势 [J]. 工程技术：全文版，2016 (5)：324-325.

[23] 赵洁. 论传统主流媒体的转型 [D]. 北京：中央民族大学，2010.

[24] 陈叶绿. 传统媒体转型研究 [D]. 上海：华东政法大学，2015.

[25] 孙寿山. 以转型升级促进传统媒体与新兴媒体融合发展 [J]. 出版发行研究，2014 (6)：5-8.

[26] 刘荣，高爽. 新兴媒体与传统媒体融合转型的思考 [J]. 决策与信息，2016 (4)：135-142.

[27] 程刚. 浅析传统媒体如何寻求转型发展之路 [J]. 新闻研究导刊，2015 (16)：79.

[28] 刘瑞生. 新媒体发展的态势与基本特征 [J]. 新媒在线，2010 (11)：67.

[29] 李莲. 传统媒体与新兴媒体融合发展路径探究 [D]. 北京：对外经济

贸易大学，2015.

[30] 曾艳春．传统媒体转型的难点与对策［J］．中国传媒科技，2013（12）：64-65.

[31] 董超．浅谈新媒体发展的最新阶段及其特点［J］．新闻研究导刊，2016（22）：110.

[32] 孙宁．传统电视媒体新媒体转型的四种模式［J］．视听界，2014（4）：61-62.

[33] 夏浒波，洪艳．电视媒体广告经营［M］．北京：北京大学出版社，2006.

[34] 王晓敏．新媒介环境下的电视媒体策划探究［M］．哈尔滨：黑龙江大学出版社，2013.

[35] 曹丽霞．论新媒体时代下传统电视媒体的转型［J］．西部广播电视，2016（3）：39.

[36] 黎斌．传统电视与新媒体融合发展的转型战略分析［J］．电视研究，2011（5）：16-19.

[37] 李健．传统电视与新媒体融合发展的转型战略分析［J］．新闻研究导刊，2015（22）：251.

[38] 李洁．传统广播电视应及时向新媒体转型［J］．产业与科技论坛，2012（5）：23-24.

[39] 袁娟．新媒体时代传统电视转型发展研究［D］．长沙：湖南师范大学，2016.

[40] 史册．新媒体竞争环境下传统电视媒体的转型研究［J］．新媒体研究，2016，2（23）：101-102.

[41] 郭男．探寻新媒体时代下传统媒体的转型之路［D］．杭州：浙江传媒学院，2015.

[42] 钱艳丽．电视媒体的新媒体发展战略研究［D］．上海：华东师范大学，2010.

[43] 孔海啸．我国电视媒体的新媒体发展战略研究［D］．重庆：重庆工商大学，2014.

[44] 朱元君．媒介融合背景下电视与新媒体融合研究［D］．北京：中国青

年政治学院，2016．

［45］郭晋旭．传统广播新媒体化的实践与探索［J］．中国报业，2014（6）：26－27．

［46］陶磊．传统广播新媒体化的发展趋势及前景［J］．中国广播，2014（7）：28－33．

［47］胡晓．新媒体时代下传统广播电视媒体需要转型谋发展［J］．新闻研究导刊，2015，6（17）：9－10．

［48］李淑金．广播电视传统媒体与新媒体融合方案的设计与研究［D］．成都：电子科技大学，2011．

［49］胡娟．基于新媒体的广播转型研究［D］．杭州：浙江理工大学，2014．

［50］林涛．新媒体环境下广播媒体发展机遇及对策研究［D］．南京：南京艺术学院，2015．

［51］王求．新媒体环境下的广播战略转型［M］．北京：中国广播影视出版社，2015．

［52］党蔚．新媒体时代传统报纸数字化转型的反思与救赎［D］．西安：陕西师范大学，2014．

［53］张雪芬．浅谈新媒体时代传统报纸的转型之术［J］．活力，2013（12）：88．

［54］吕楠芳．浅谈新媒体环境下传统报纸媒体与新媒体的融合发展［J］．新闻研究导刊，2016，7（14）：374．

［55］朱丽丽．新媒体时代传统报纸的转型与应对［J］．新闻世界，2016（6）：6－8．

［56］刘彦昌．报纸如何向"新媒体"转型［D］．保定：河北大学，2008．

［57］张驰．新媒体时代传统报纸［D］．重庆：重庆大学，2015．

［58］夏春木，马宪鸿，黄加卒．新媒体背景下传统报纸的困境与发展探析［J］．科技创业月刊，2015，28（24）：110－111．

［59］闫旭．关于报纸向新媒体转型的探讨［J］．西部广播电视，2015，3（6）：32．

［60］史小妮．浅谈新媒体语境下报纸的发展趋势［J］．新闻传播，2014

（8）：55-57.

［61］梅宁华，支庭荣. 媒体融合蓝皮书：中国媒体融合发展报告［M］. 北京：社会科学文献出版社，2017.

［62］项勇，王文科. 媒体融合的探索与实践［M］. 北京：中国广播影视出版社，2015.

［63］柳邦坤. 传统媒体与新兴媒体融合发展问题探析［J］. 今传媒，2015（1）：70-72.

［64］张中雷. 媒介融合的发展维度、阶段与路径探析［D］. 济南：山东师范大学，2015.

［65］赵宁. 传统媒体和新兴媒体传播渠道融合策略探讨［D］. 北京：北京印刷学院，2015.

图书购买或征订方式

关注官方微信和微博可有机会获得免费赠书

 淘宝店购买方式：
直接搜索淘宝店名：科学技术文献出版社

 微信购买方式：
直接搜索微信公众号：科学技术文献出版社

 重点书书讯可关注官方微博：
微博名称：科学技术文献出版社

 电话邮购方式：
联系人：王　静
电话：010-58882873，13811210803
邮箱：3081881659@qq.com
QQ：3081881659

汇款方式：
户　名：科学技术文献出版社
开户行：工行公主坟支行
帐　号：02000046090144630